[英国] 克里斯托弗·贾纳韦 著　龙江 译　陈毅平 校

叔本华

牛津通识读本·

Schopenhauer

A Very Short Introduction

译林出版社

图书在版编目（CIP）数据

叔本华/（英）贾纳韦（Janaway, C.）著；龙江译．—
南京：译林出版社，2014.6（2024.3重印）
（牛津通识读本）
书名原文：Schopenhauer: A Very Short Introduction
ISBN 978-7-5447-3271-0

Ⅰ.①叔… Ⅱ.①贾… ②龙… Ⅲ.①叔本华，A.
（1788～1860）－哲学理论－研究 Ⅳ.B516.41

中国版本图书馆CIP数据核字（2012）第219823号

著作权合同登记号 图字：10-2014-197号

叔本华 [英国] 克里斯托弗·贾纳韦 / 著 龙 江 / 译

责任编辑 何本国 陈 锐
责任印制 董 虎

原文出版 Oxford University Press, 2002
出版发行 译林出版社
地 址 南京市湖南路1号A楼
邮 箱 yilin@yilin.com
网 址 www.yilin.com
市场热线 025-86633278
排 版 南京展望文化发展有限公司
印 刷 江苏凤凰通达印刷有限公司
开 本 890毫米 × 1260毫米 1/32
印 张 9.125
插 页 4
版 次 2014年6月第1版
印 次 2024年3月第11次印刷
书 号 ISBN 978-7-5447-3271-0
定 价 39.00元

序 言

夏中义

通览《叔本华》译本，有些心得，愿与作者、译者、编者和读者分享。

英国学者贾纳韦当属饱学之士，故能这般自信、凝练、准确地概述叔本华其人其著，宛如塑了一尊精神铜像。为西方哲学开非理性主义先河的叔本华，既擅长系统思辨，又通晓文学章法，竟将其名著《作为意志和表象的世界》的四个板块(认识论、意志论、美学和伦理学)，写得像音乐那般富有曲式变化。相应地，贾纳韦的文字及其汉译，亦能在精致缩微叔本华哲学建构的框架里，不失语感的弹性和可读性，颇为难得。这大概是对"牛津通识读本"之"通识"一词的文体承诺。

在高等教育义域，"通识"有别于"专业"。"专业"侧重于知识型课程及相关智能、技能规训，"通识"则要为学子的人格养成提供价值型资源。前者旨在"专业成才"，后者旨在"精神成人"，即为学生一辈子把路走好打底。这用 19 世纪中叶英国教育思想家纽曼的话说，便是"专业"属教学范畴，"通识"才属教育范畴。

当物质至上和消费主义如迷雾弥漫地球，连静穆的世界名校也愈益躁动的今日，纽曼的思想遗产，不仅凸显永恒，更变得警策。于是，人们也就有理由对“牛津通识读本”滋生新的期盼。这就是：包括贾纳韦在内的学者，若能深挚地体恤学子对“精神成人”的潜在渴求，则其笔端或许会少一份学院派的矜持，转而到世界学术典藏中去寻觅更具针对性的优质营养，来有效地缓解学子“成长的烦恼”。

这落到《叔本华》一案，也就意味着有两种写法。一，比如追溯叔本华哲学的元概念“意志”一词，本是对康德“物自体”和柏拉图“理念”的创意性合成所致，这是典型的学术史路子，也是学院派所恪守亦最擅场的。还有第二条路。不依傍知识学学科谱系，而直接从《作为意志和表象的世界》，读出让自己心灵颤栗的人本忧思，不仅切实地缓解青春期特有的灵魂阵痛，而且嗣后转化为文哲探索的第一内驱力即精神能源——这是王国维青年时曾走的路。

青年王国维不是贾纳韦。王国维当年没有能力从西方哲学谱系来系统解析叔本华，但这并不妨碍他从叔本华读出了其心灵成长最亟需的价值启示。这叫“心有灵犀一点通”。

记得贾纳韦曾写到叔本华1818年完成《作为意志和表象的世界》这一里程碑后，整个德国学界竟置若罔闻。然叔本华依然坚信：“一代人欣喜若狂地赞同我写的每一行字的那个时刻必定会到来。”（1843年5月17日致函波洛克豪斯）1848年后，已臻晚境的叔本华终于收获了迟到的光荣。但他做梦也想不到，在其身后四十二年，即1902年，在万里之遥的中国大陆，有一个叫王国维的无名之辈，竟捧着他的那部英语版名著，整整啃了两年。后来这竟使青年王国维的学业如火山喷涌：1904年首发《红楼梦评论》，1905年出版《静安文集》，1907年出版《静安文集续篇》，1908年刊发名著《人间词话》，既揭开20世纪中国文艺美学的辉煌序幕，又为 20 世纪中西美学关系史奠基。都说用文言文写的《人间词话》堪称“国粹”，然有识者却屡屡从青年王国维的墨迹中读出了叔本华。事实上，叔本华无涉功利的审美体验论（贾纳韦概述为“无意志的沉思状态”），已经成为青年王国维的人本－艺术美学的思辨基点。

世界上究竟有没有能穿越时空的思想史或心灵史？这就像问：“有无上帝？”信徒说有，不信者说无。深信青年王国维会认同有思想史或心灵史，否则，在 1902 至 1908 年间，他就无计与叔本华在人类精神星空作神圣相遇。

“通识”教育之根，恐怕不在学术史，而在思想史或心灵史。

2010 年春于沪上学僧西渡轩

目录

前 言

本书旨在对叔本华哲学提供一个赞同兼批评式的评述。叔本华构建了一个包括形而上学、认识论、精神哲学、美学、伦理学和人生意义在内的体系。但是作为一个完整的体系，其哲学鲜有追随者，他也从未建立过一个学派。他对思想史的影响更多地表现在激怒从瓦格纳到维特根斯坦的一代又一代艺术家和思想家，并激发他们的灵感。他的部分思想与后来的弗洛伊德不谋而合，他最重要的哲学影响是对尼采的影响，后者起初发现他的悲观主义结论很有吸引力，后来又认为这些结论令人厌恶，但始终与他的“伟大导师”保持密切的对话。叔本华是一位真正的无神论者，他从根本上质疑人类存在的价值。存在对叔本华来说是一种漫无目的的、痛苦的抗争，被一种我们无法控制的无意识力量所驱使。要从这种存在中解脱出来，必须通过审美经验、悲天悯人和自我否定来舍弃我们的个体性。在审视叔本华哲学体系的所有主要方面的同时，本书希望凸显他就人类存在所提出问题的挑战性。

克里斯托弗·贾纳韦

2001年8月

图 1 叔本华：用达盖尔银版法拍摄，1853 年 6 月 4 日

第一章

叔本华的生平与作品

阿图尔·叔本华1788年生于但泽，1860年卒于美因河畔的法兰克福。他在生命的最后十年曾留下几张照片，从中我们可以获取对他最直接的感觉。他看上去脱俗不羁、坚忍不拔，但是炯炯有神的目光背后却藏着机警锐利的头脑和几许顽皮——这与从其作品中浮现出来的那个人格角色不无契合之处。叔本华直到生命晚年才开始享受某种程度的名誉，然而其哲学思想却并非老年或中年阶段的产物。虽然他发表的大部分著作完成于四十五岁定居法兰克福之后，但早在1810至1818年间他就构建了后来令他享誉世界的整个哲学体系。诚如尼采后来所言，我们应当记住，正是一个二十多岁的人以充满创造力和反叛精神的能量创作了《作为意志和表象的世界》。成熟阶段的叔本华专注于强化和补充他在这部杰作中所阐述的立场，但该著作却一直被知识界所忽视，直到他临近生命终点。

精神上的独立是叔本华最具个性的特征。他著述时无所畏惧，藐视权威，对他眼中德国学术圈徒有其表、因循守旧的传统深恶痛绝。但是在这背后还有一个重要的事实，即他在经济上的独立性。在步入成年的1809年，他继承了一笔遗产；若假以精明的管理，这笔钱足以让他衣食无忧地度过余生。叔本华出生时，其父海因里希·弗洛里斯·叔本华已是但泽富甲一方的大商贾。父亲四海为家，信奉启蒙运动的自由主义价值观与共和主义。当但泽被普鲁士并吞后，他离开该市，迁移到自由城市汉堡。阿图尔与父亲有一共同点，即都热爱法英两国文化，对普鲁士民族主义怀有恐惧。为儿子起“阿图尔”这个名字是因为好几种欧洲语言中均有此名——虽然其用意主要是希望孩子将来从事设想中的泛欧贸易事业。后来，叔本华觉得他还继承了父亲情感丰富、容易沉迷的个性。父亲死于1805年，很可能是自杀，这对叔本华是一个沉重打击。

叔本华在学校接受了广博而丰富的教育，而且富庶家庭所提供的旅行经历和社交机会进一步提升了叔本华的素养。在九岁那年，即他妹妹出生的同一年，他就被送到法国念书，从而学会了一口流利的法语。经过数年的学校教育，他在十五岁的时候随父母踏上了为期两年的欧洲之旅，所到国家包括荷兰、英格兰、法国、瑞士和奥地利。他游览了当时的许多著名景点，也不时被亲眼目睹的贫穷和和苦难深深触动。可是，在父母游历英国期间，他被委托给温布尔登的一家寄宿学校，该校狭隘的、惩戒性的、恪守宗教信条的观念（与此前他所接受的教育形成鲜明对照）给他留下了持久的消极印象。这段经历对叔本华的性格和教养产生了重要的影响。他是一个血气方刚、争强好胜的学生，不肯屈服于周围的种种愚民行径，他也因反抗而似乎陷于相当的孤立。父母给他写信，在信中父亲对他的笔迹吹毛求疵，母亲则滔滔不绝地谈他们过得如何快乐，恳求他采取更理智的态度，但两人都不大愿意从他的角度看待问题。我们很容易把这种情形看做他后来生活的缩影。随着生活的推移，有一点变得越来越明朗：他的生活不会建立在与他人的亲密关系之上。他开始把同伴比做一团火,“谨慎的人取暖时需保持一定的距离”(《叔本华手稿》第一卷,123),即便与他人共处也决心选择孤独,以免丧失自己的完整性。他后来撰文说,六分之五的人类只配受到轻蔑,但他同样也发觉人与人的交往有内心深处的障碍:“上天用多余的造化赋予我的内心怀疑、敏感、激情和骄傲,从而使它陷于孤立。”(《叔本华手稿》第四卷,506)他有抑郁的倾向,承认“我总是心怀焦虑,强迫自己去发现和寻找并不存在的危险”(《叔本华手稿》第四卷,507)。

一些描述叔本华性格的作者考察了他与父母之间的关系,他们的发现并不令人惊讶。父亲是一个焦虑不安、凡事苛求、令人生畏的人,望子成龙心切。约翰娜·叔本华(娘家姓特罗西纳)同样来自但泽一个成功的商人家庭,个性却大相径庭。她是一个活泼、爱交际的人,怀有文学梦想,最终成为了一个浪漫派小说家,使她在有生之年比儿子更出名。她在儿子的生活中是一个重要的力量,但他们之间的关系从未充满温情。在婚姻方面也是如此,正如她自己所写的那样,她觉得没有必要对丈夫“假装有炽热的爱情”,还声称丈夫也并不期待这种爱。海因里希·叔本华去世后,思想独立的约翰娜得以自由地追求文学事业。她迁居到魏玛,在那里成立了一个艺术和学术沙龙,常常引来当时许多社会名流的光顾。阿图尔与这个圈子中的一些人建立了联系,并从中受益。这些人当中尤其引人注目的有歌德和研究东方世界的学者弗里德里希·马耶尔,后者激发了叔本华对印度思想的毕生兴趣。然而,他与母亲的关系却有如疾风暴雨,乃至于1814年母亲将他永远逐出家门,不再见他。

此事发生之时,叔本华已经放弃了父亲为他规划的经商事业,并已踏上学术之路。1809年他去哥廷根大学求学,两年后又迁到柏林。他上过各类不同的理科课程，最初曾想学医，但很快就被哲学强烈地吸引。哥廷根大学哲学家G. E. 舒尔茨建议叔本华从阅读柏拉图和康德的著作开始，对其研究生涯起到了决定性的作用。虽然无论用何种标准衡量，叔本华已是博览群书、颇有学养的思想家，但仍可以公正地说，这两位哲学家的著作在他头脑中激发了从此以后塑造其哲学思想的根本观念。他从弗里德里希·马耶尔那里了解的印度教典籍《奥义书》是构成其哲学思想的第三个来源，后来他把这方面内容与柏拉图和康德元素加以混合，奠定了《作为意志和表象的世界》的原创性。

迁到柏林后，叔本华听过施莱艾尔马赫和费希特的讲座。虽然这两人都是当时哲学界的重量级人物，但是按一贯做派，自视甚高的叔本华对他们有点不屑一顾，当然不会为了吸纳他们的思想才去听讲座。他的听课笔记和写在所读书页边的旁注（保存于《叔本华手稿》一书）表明他急欲反驳和争辩，而且，尽管还是个年轻学生，他的反应却表现出一种对自己的立场近乎不可思议的确信不疑。这也是一种后来基本不变的行为模式。叔本华学习时不注重与他人的合作，不愿与人交流思想，将自己置于审视之下。他在学习和写作时依赖自己的判断，将别人的观点当做原材料，用以加工成自己想要的模样。有时他把无法加以利用的东西贬损为垃圾，但他以一种嘲讽且诙谐的方式通常成功地使读者站到他的一边。如果没有这种坚定不移的决心，叔本华的成就将会大打折扣，但是这个优点却被一个缺点所抵消：对哲学家而言，多与人交流，多一些对话和自我批评意识，这是一个长处，而叔本华有时的表现却与此相反。

1813年，当叔本华准备撰写他的博士论文时，战争爆发了。叔本华厌恶打仗，更厌恶站在普鲁士一边与法国人打仗。他往南逃到魏玛附近的鲁多尔施塔特市，在那里完成了他的第一部著作《论充足理由律的四重根》。该书为他赢得耶拿大学的博士学位，并于同年以五百册的发行量出版。该书研究的是一个陈旧的学术话题，即充足理由律（据此原理，一切存在的事物必有其存在的根据或理由）。书中简要回顾了哲学史上人们对此原理的研究方式，然后对各类不同理由给出四重解释。全书的系统构架来源于康德，叔本华显然吸收了康德的思想，尽管是不无批判的吸收。书中有一些出人意料的重要发现，足以开启新的哲学思路，并强烈预示其代表作将要表达的思想。叔本华始终认为《四重根》是理解其哲学思想的必读书，并在1847年对它进行修订，以便再版。

另一部早期发表的著作是1816年的《论视觉和颜色》。这本小书是他与歌德交往的结果，后者的反牛顿式的颜色理论发表于1810年代初期。在讨论这一理论的过程中，叔本华和歌德逐渐彼此熟悉。叔本华并未把它纳入自己的首要计划，但可以理解的是，他没有拒绝与有生之年可能遇到的最伟大的人物之一进行合作。比他年长四十岁的歌德赏识叔本华严谨的头脑，认为他拥有巨大的潜力，但歌德更关心的是在自己的学术追求上获得帮助，而不是培养叔本华的才能。他们之间的短暂合作是叔本华事业中的唯一一次例外——但其骨子里却没有成为某人弟子的打算。他自己的著作《论视觉和颜色》与歌德的思想有所偏离，他也毫不掩饰地认为该书更胜一筹。歌德淡漠的回应虽不至于令叔本华崩溃，却也让他感到失望，两人的合作关系随之冷却下来。后来他给歌德寄了一本《作为意志和表象的世界》，并于1819年与歌德有过一次热情的会面，但此时两人已经分道扬镳。如歌德后来所言，他们就像两个握手分别的人，一个朝南走，一个朝北走。

叔本华的真正目标在《作为意志和表象的世界》第一卷中得以揭示。该卷完成于德累斯顿，发表于1818年，尽管扉页上注明的是1819年。叔本华在1813年的《四重根》一书中所进行的不带个人情感的康德式演练并未揭示其哲学的驱动力。该书没有回答有关痛苦和救赎、伦理和艺术、性、死亡以及生活的意义等问题，但这些领域已被纳入他关注的范围。搜集而成的《叔本华手稿》显示，他的最伟大著作经历了将近十年的创作过程。他对柏拉图和康德两人的思想加以改造，确信在普通意识与更高或"更好"的意识之间存在分裂，在后一种状态下，人的头脑能够穿透表象，领悟某种更真实的存在。这一思想蕴涵了美学和宗教的意义：叔本华在书中谈到，艺术家和"圣徒"都具备这种"更好的意识"——虽然我们应该立刻声明：他的哲学体系是彻头彻尾的无神论。他还敲响了悲观主义的基调之一，称我们在其中奋斗、渴求和受苦的普通经验下的生活，正是我们需要从中解放出来的状态。这些思想到1813年已在叔本华的头脑中得以充分确立。

使这部里程碑式作品得以成形的思想是有关意志的概念。在这部才华横溢的著作中，如其标题所示，叔本华提出世界具有两面性，一个是表象（Vorstellung）的或事物在经验中向我们呈现的那个世界，另一个是意志（Wille）的世界。据他论述，后者才是世界的**本原**，它处于局限着人类知识的种种表象之外。给意志下定义并非易事。先不妨说说它不是什么，这来得更容易一些。它既不是任何形式的思想或意识，也不将事物导向任何理性的目的（否则"意志"将成为上帝的代名词）。叔本华眼中的世界是漫无目的的。他的意志概念或许可以用如下观点给予

图2 青年时期的叔本华,1802年

最佳解释:**朝着**某个目标**奋斗**,人们只要记住意志在根本上是“盲目”的,且它存在于自然界毫无意识的各种力量之中。最重要的是,人类心理可以被视为分裂的:它不仅包括理解和理性思维的能力,在更深的层次上还包括一种本质上“盲目”的奋斗过程,该过程支配着我们本性中的有意识部分,但也可能与其发生冲突。人类在两种生活之间维持着平衡:一种是作为生物体在本能驱使下生存和繁殖的生活;另一种则是纯粹智性的生活,它反抗人的本能,渴望对“更高的”现实作超越时间的思考。虽然叔本华的确仍预想有一种听天由命的“救赎”,但他认为普通生存状态必然包含痛苦与厌倦的双重悲苦,坚信这是由人类乃至于整个世界的本质决定的，且本应如此。

许多人无法将叔本华哲学作为一个单一的、连贯的形而上体系加以接受。但从叙事的角度，以及在该体系有关世界与自我的各个不同概念之间的动态互动方面，它的确具有强大的说服力和连贯性。与其把早期的著述视为所有后续著作的基础，不如把它当做一个早先的观点，它在新观点的比照下显得不够完善，并似乎受到新观点的削弱，但是后来却以改头换面的形式重新得到了确认。在这里有一种与同时代人黑格尔的方法表面上的相似，虽然一切与黑格尔有关的东西都令叔本华感到极度厌恶，而且在其他方面两人的写作也是大相径庭。托马斯·曼曾把叔本华的著作比做一首包含四个乐章的交响曲——以类似的心态来阅读此书不无帮助，可以在大量的“变奏”当中寻找基调上的反差和主题上的统一。当然，在文学构思和节奏的把握上很少有哲学家能够与叔本华媲美，也鲜有文风如此雄辩者。

尽管如此，这部伟大的著作在出版后的多年间几乎无人问津。叔本华感到苦闷，但他不是那种认为世人皆对唯他错的人；他毕生都坚信该书具有至高的价值。1820年，在以哲学教授黑格尔为首的教员面前试讲之后，他被授予了在柏林大学执教的权利。叔本华正式登上讲台，讲座的题目是令人惊愕的“哲学通论，即关于世界和人类思维之本质的理论”。可是他选择的授课时间与黑格尔重叠。有二百人出席了那位处于事业巅峰的教授的讲座，留给默默无闻的叔本华的听众则寥寥无几。后来几年虽然他的名字仍出现在讲座日程表上，但他再也不愿重蹈覆辙，就这样终结了自己的执教生涯。黑格尔所代表的是叔本华在哲学上厌恶的一切。他是一个职业型学者，善于利用叔本华所鄙视的体制权威。他维护教会和国家，而作为无神论者和个人主义者的叔本华对此是无暇顾及的。尽管叔本华本人是彻头彻尾的保守派,但他仅把政治国家视为保护财产和遏制过度利己主义的一个方便的手段;他无法接受黑格尔视国家为“人类存在之全部目的”的表述(《附录与补遗》第一卷,147)。黑格尔还是一个令人瞠目的文体家,其写作似乎成了抽象概念的堆砌,从中感觉不到由常识经验提供的新鲜空气;叔本华——不仅因为这一点——发现他的作品浮夸自大,宣扬蒙昧主义,甚至不够诚实。叔本华说,挂在黑格尔式的大学哲学头顶的标记应该是“一只乌贼,它在自己周围制造出一团晦涩的乌云,以便无人能看清它是什么,并附上铭文,‘我因自身晦涩而强大’”(《论自然界中的意志》,24)。若说叔本华的哲学建立在反对黑格尔之上是不确切的——他在创作其代表作时黑格尔离他的思想很远——但黑格尔获胜般的功成名就,加上他本人长期得不到认可的境遇,却在他心中产生了一种积怨,支配了叔本华随后的大部分哲学生涯。

19世纪20年代是叔本华著述最贫乏的时期。他曾到意大利旅行过,但在返回途中以及旅行结束后均遭受严重疾病和抑郁的折磨;他还与柏林国家剧院的合唱团女歌手卡罗琳·里希特维持着一段暧昧关系。他曾酝酿若干写作计划,如翻译休谟的宗教著作和斯特恩的《特里斯特拉姆·项狄传》,但无一落实。他的笔记本里有时写满了对黑格尔哲学的猛烈抨击,后经修改收入其后期的著作,但在柏林期间他并没有发表新的作品。特别令人遗憾的是,他为翻译出版康德的《纯粹理性批判》及其他著作而联系的英国出版商居然拒绝了他的提议。叔本华的英语很好,他有一流的文体感,而且对康德的作品了如指掌。假如他在这个相对较早的时候就成功地把康德推介给英语国家的更多读者，这对人类思想史将会产生怎样的影响，只能留待人们推测了。（与此对照，他的学术成就之一即是对《批判》第一版的重新发现，对此我们应该感激他，该书于1838年得以重版要部分归功于他的努力。）

1831年霍乱波及柏林，显然是它夺走了包括黑格尔在内的许多人的性命，叔本华也离开了这座城市。经过一段时间的犹豫不决后，他在法兰克福安顿下来，在此继续过着一种表面上平淡无奇的生活。写作之余，他以各种消遣来作为调剂——看戏、听歌剧、散步、吹长笛、外出就餐以及在镇图书馆读《泰晤士报》。现在的他更多产了。1836年他发表了《论自然界中的意志》，此文旨在通过举出从独立来源获取的具有确证性的科学证据，来支持他关于意志的学说。这至今仍是一篇有趣的论著，虽然我们有理由认为，若无《作为意志和表象的世界》作支撑，该论著本身并非上乘佳作。不过，在1838和1839这两年，叔本华报名参加了由挪威皇家科学协会和丹麦皇家科学协会所举办的两次论文竞赛，这两次机缘催生了两篇相互对应又独立成篇的优秀论文：《论意志的自由》和《论道德的基础》，1841年它们被合并为《伦理学的两个基本问题》一书出版。就基本信条而言，这些文章并未彻底背离叔本华的早期著作，但二者构思严谨、富有说服力，在宏大设计下各个局部的论述均清晰了然。把它们推荐给今天的伦理学专业学生也很合适。在论自由一文中，叔本华令人信服地陈述了决定论的缘由，但他认为决定论几乎无法解决有关自由和责任的深层问题，这与稍晚近的一些哲学家看法一致。这篇论文被挪威皇家科协授予金质奖章。

第二篇论文的一部分是对康德伦理学的彻底批判，它在丹麦遭遇了不同的命运：尽管是唯一参赛的论文，皇家科协却拒

图3 叔本华:卡尔·路德维希·卡兹创作的微型肖像,1809年

绝给它授奖。他们判定该论文未能成功地回答竞赛命题——并且他们对文中谈及时下几位优秀哲学家时的“不恰当”方式颇为不满。他们指的是谁呢?叔本华在后来的出版前言中反问道:费希特和黑格尔!难道这些人是不容轻慢的“哲圣”吗?的确,叔本华一直就没有遵循传统的学术礼貌规则,但是现在他要抓住

这个机会，用一切可能的手段慷慨激昂地表达自己的观点。他对黑格尔哲学发出了一系列越来越严厉的谴责，称其空洞而混乱，并引用荷马关于客迈拉这个多种野兽混合体的生动描述作比喻。他在结尾处写道：

> 进一步讲，即便我说出下面的话也不为过：丹麦科学院尊崇的这个“哲圣”所胡乱写下的荒唐言论可谓前无古人，以至于任何读过他那本最受吹捧的所谓《精神现象学》而不觉得有如到了疯人院一般的人，都有资格进精神病院。(《论道德的基础》,16)

1844年，《作为意志和表象的世界》的第二卷与该书的新版第一卷同时出版。叔本华的明智之处在于他没有试图去改写年轻时代的作品。相反，他对原作进行了充分而详尽的阐发，在深思熟虑的基础上对其加以廓清和延展。第二卷实际上比第一卷更长，二者结合恰好构成一个整体。1859年，即他去世的前一年，它们以第三版的形式再次一并发行。叔本华最后出版的新著是1851年问世的另一部双卷本《附录与补遗》。这个堂皇的希腊语书名的意思是“增补的作品和省略的材料”，内容涵盖了从扩展了的哲学论文到较为通俗的、常常分散发表的“人生智慧格言”。有点奇怪的是，正是这部首先在英国获得好评的晚期著作使得叔本华名扬天下。对其作品的再版需求也随即而来，他甚至成了德国大学课程里的专题内容。造访者和信件纷至沓来，其中包括热情的崇拜者理查德·瓦格纳寄来的歌剧《尼伯龙根的指环》的完整剧本。附带说明一下，叔本华对此人的音乐评价并不是很高。在去世后的头五十年里，叔本华将成为欧洲最具影响力的作家之一。尽管他从未标榜自己为诗人，但出现在《附录与补遗》(第二卷，658) 结尾处的诗行无疑忠实地反映了他在人生末年的感受：

1856
终曲
我如今疲惫不堪地站在路的尽头；
憔悴的额头几乎连桂冠都难以承载。
可我对此生的成就感到欣喜，
从不因他人言论而畏缩。

图4 叔本华：约翰·舍费尔拍摄的照片，1859年4月

第二章

现象之内与现象之外

现象与物自体

只要我们先认清贯穿叔本华全部哲学思想的主线，它就变得很容易把握了。这条主线就是他从康德那里发现的现象与物自体之间的区别。现象的世界由我们通过平常的感官经验和科学研究而认识的那些事物所构成，换言之，即经验世界。现象不可简单地理解为幻觉：构成我们经验知识的事物并非幻觉，而用相应的希腊语表示，它们就是组成世界的诸多现象。但是问题在于，整个世界是否仅由这些现象构成？我们是否应该认为"存在之物"可被我们的经验知识所穷尽？我们至少可以想象一个独立于我们的经验之外的现实，这就是康德所谓"物自体"的含义。

康德的成就在于表明知识是有限的：我们永远不可能了解世界的自体，而只能了解它向我们所呈现的状态，如科学家或普通感知者所为。因此，传统的形而上学者所标榜的认识上帝、灵魂之不朽或某种遍布全宇宙的超自然秩序的抱负注定无果而终。据叔本华的分析（见"康德哲学批判"，《作为意志和表象的世界》[①]第一卷附录，417—425），除了这项具有破坏性的成就之外，康德还增加了两项较有建设性的成就。其一是认为现象世界具有基本的和必然的组织原则，且这些原则能够被发现。其二是主张伦理学可以从现象领域中分离开来，且它不像科学那样构成知识：当我们审视人类自身所必然具有的行动性和是非观念时，我们所考虑的就不是事物在经验世界的存在方式了。

首先，让我们看看关于现象——我们所了解的这个世界——含有一个必然结构的思想。康德认为现象世界必须占据空间和时间。我们显然难以想象空间或时间的缺失，但康德更进一步，他辩称如果没有这二者，那么世界就根本不可知。类似的关系适用于原因和结果，以及事物能够在时间流逝中保持不变的原则。经验世界的规则是它必须包含持续恒久的事物，这些事物分布于时空之中，彼此发生系统的相互作用。康德认为，我们能够认识的经验世界不外乎此。然而，他最令人惊愕的断言是所有这些规则并非世界的自体所固有；它们描述的是**仅当**我们能够去经历这个世界时它所必然显现的状况。所以空间和时间、原因和结果仅仅与事物向我们呈现的必然方式有关。如果去掉经验的主体，则世界的结构也将了无踪影。

来自康德的第二个建设性论点与我们对自身的观念有关。在努力认识世界的同时，我们还需要作出各种行动和决定，这些归根结底都属于道德领域的问题。康德认为，道德成立的前提是我们每个人都把自己视为一个理性的、受责任制约且有选择行动原则之自由的生物。没有一种基于经验的考察能够表明

① 以下表示引文来源时简称《作》。——编注

我们是此类纯粹理性的、自由的生物:甚至可以说,在物质世界中不存在这种事物。尽管如此,我们却不能没有关于自身的观念。所以,虽然我的知识局限于经验世界,但我绝不认为我的本性也受此局限。简言之,康德的观点就是,我必须认为在表象之外的**我的自体**中,我是一个自由的和纯粹理性的主体。

当叔本华在哥廷根大学读书期间接触到康德哲学时,觉得它令人信服,但不完整。他接受现象与物自体之间的区别。在现象方面,他想对康德的观点作些修改,但欣然认同经验世界本身并不存在,而是被我们所强加的关于空间、时间和因果关系的规则赋予了结构。可是在物自体方面,他觉得康德的表述却含混不清。世界的自体究竟是什么?自我又是什么?这就是康德在区分了现象与物自体,并声称人们只能获得关于现象的知识之后留下的双重谜题。物自体的概念在德国学术界引发了对其他哲学问题的大讨论。叔本华的第一个老师舒尔策和他在柏林听过其讲座的费希特都是这场辩论中的主角。通过提出自己对这一谜题的解答,断言无论在整个宇宙还是人类微观世界中,物自体就是**意志**,叔本华是在回应当时一个炙手可热的问题,并在某种程度上聪明地利用了后康德时代为人熟知的一个观念。

更好的意识

从一开始,年轻的叔本华就不仅读康德的著作,还读柏拉图的著作,而正是从后者那里他接触到认识现象与“真实存在”之间不同之处的另一种方式。在柏拉图看来,“真实存在”是一组被称为理念或形式的不变的实体。个体事物是不完美的,它们来去匆匆,但这并不影响宇宙中的基本秩序,即由绝对和永恒的形式所构成的秩序。柏拉图认为,对人类的最大贡献莫过于获得对这些永恒形式——如正义本体、善的本体和美的本体——的认识。这样,人类的灵魂将被提升到一个超越一己之见和凡俗欲望的层次,达到对绝对价值标准的领悟,并从冲突和痛苦中获得解脱。在其思想发展的关键阶段,叔本华所臣服的就是这样一种远见。虽然康德的物自体本非人类知识所能企及,柏拉图的理念却是人类知识的最佳对象,但叔本华将二者的观点加以综合,形成了一种关于透过现象洞察物自体的柏拉图式见解。多年来他认为这是自己的一个重要发现:"**柏拉图的理念和康德的物自体**……这两者如出一辙,此结论虽闻所未闻,却肯定无疑。"(《叔本华手稿》第一卷,377)尽管叔本华尚未看出这两位大哲学家的立场其实并不相同,但其思想中产生的融合已经获得了自身的能量。他相信,经验意识受空间、时间和因果关系的局限,是一种低级意识,如有可能我们应该渴望从中逃离出来。只有进入一种"更好"的意识,人类才能发现真正有价值的东西。

"更好的意识"一词仅在叔本华早期未出版的手稿中出现过。它并未得到集中的阐述,后来被他弃而不用。但是他后期有关艺术的价值和以隐忍精神超然于世的思想却与其早期观点一脉相承。例如,1813年他曾在笔记本上写道:

> 一旦我们**客观地考量**,**即冥思**世间万物,那么在这一刻**主观性**也即一切苦难的源头便彻底消失了。我们自由了,感官对物质世界的意识停在我们面前,似乎是某种陌生和外来的东西,不再使我们感到疲惫和厌倦。并且我们不再潜心于思考空间、时间和因果关系这个连结的系列

(对我们的个体性有用),而是能看到客体的柏拉图式理念……从世俗的意识中解放出来,也就获得了更好的永恒的意识。(《叔本华手稿》第一卷,50)

普通意识被看成是"苦难"的依附对象;只要我们能够突破把知识局限于表象的康德规则,就能进入一个使我们自身及我们"冥思"的直接对象都变得永恒的王国。叔本华认为这种"解放"可以在艺术中,以及在他称之为"圣人"之道的处世态度中找到。艺术天才和圣人均被认为是从一个超越普通的经验认识的立场来沉思现实的。近来有很多评论者贬低柏拉图的影响,把叔本华作为一个不甚正统的康德派哲学家对待。但是"更好的意识"却显然并非康德式思想;叔本华自认为康德和柏拉图在其哲学中合而为一,这个评价更为确切,虽然二者的体现方式颇为不同。

事实上,叔本华倾向于列举三方面的影响:"若不是《奥义书》、柏拉图和康德同时把光芒照进一个人的头脑,我想我的学说就不可能产生了。"(《叔本华手稿》第一卷,467)这第三个影响的情况如何呢?当叔本华邂逅《奥义书》的时候,他已经熟知柏拉图和康德的哲学思想,并形成了有关"更好的意识"的观念。他在1814年获得这些印度圣典(一个译自波斯文、取名Oupnek'hat的拉丁文版本),并在晚年称它们为"我生活中的慰藉"(《附录与补遗》第二卷,397)。我们可能注意到,在叔本华研读的印度典籍中有两个主要思想给他留下了深刻印象:其一是Mâyâ或虚幻,其二是包含在强大的梵文格言"tat tvam asi"("此即汝")中的个体与宇宙的同一性。叔本华在谈及我们的普通经验时往往指其未能穿透"虚幻的面纱"。这并非通常意义上的怀疑思想，即我们不可信赖感官作为了解物质世界的途径，而是指我们经验的物质世界不具有永恒性，不应该成为我们的终极信任之所在。叔本华认为，与艺术家和圣人所特有的不受时间制约的想象力相比，我们所经验并能以科学手段研究的物质世界没有真正价值，必须抛弃。悬置或否定自我与外在世界的区别（“此即汝”）是这种永恒想象力的特征之一。叔本华需要解决一旦人们抛弃普通经验意识，他们对世界和自我的认识将如何转变的问题，而在此过程中起到核心作用的观念就是丢弃视自我为单独个体的意识。他的部分思想与佛教有亲缘关系，这是他后来强调的一点，虽然它们之间是一种殊途同归而非影响的关系（《作》第二卷，169）。

四重根

当这些思想初步成形之时，叔本华正着手撰写他的博士论文，《论充足理由律的四重根》。在该文中他并没有提及“更好的意识”，而只是讨论支配着日常经验和推理的原则。他显然对自己得出的结论很满意，因为他后来几乎原封不动地保留了这些论文，并时常引用这篇论文。1847年他出版了该论文的扩充本，这也证实了他关于此文应被视为其完整思想体系之一部分的主张。我们现在通常所读的《四重根》就是后一个版本。

叔本华的《四重根》从单纯的充足理由律入手，它是与莱布尼茨和克里斯蒂安·沃尔夫相关联的18世纪学术传统中的惯用手段。该原则可以简洁地表述为：“任何事物都有其存在的根据或理由。”（《四重根》，6）没有孤立无依的事物；万物都处于相互联系之中，这正是它们存在的原因或解释。但是，叔本华认为，事物与某根据或理由发生关联的方式有四种，且它们与四种不同类型的解释有关。对此，他声称，前辈哲学家们无一作过清晰的区分。人们最熟悉的一类是因果解释或基于自然法则的解释，即我们以某事件或状态与另一事件或状态之间的因果关系来对其作出解释。第二类是我们以某判断赖以成立的依据，如经验式观察或可以从中推论出该判断的另一个真理判断，来解释该判断为真的理由。第三类是数学解释——比如，我们解释三角形为何具有那些特性。最后还有对人们所作所为的解释。我们以动机来解释行为，前者是后者的理由或原因，或兼而有之。叔本华认为，在所有这些情形中，我们讨论的都是人的意识所强加的关系，且在每一种情形下都是必然关系。因此，按他的表述，有自然法则必然性、逻辑必然性、数学必然性和道德必然性。一旦了解意识在处理这些关系时的活动特征，我们就能了解一切解释所采取的形式，并由此认识充足理由律的真正意义。让我们逐一介绍这四种关系。

《四重根》中篇幅最长的部分显然是对因果律的论述。意识所能把握的一类明显的客体是那些占据空间和时间、构成经验现实的可感知的具体事物。如前所述，空间和时间为经验现实提供基本的结构。但空间和时间是不可感知的；我们能够感知的是占满空间和时间的东西，在叔本华看来，也就是物质（《四重根》，46）。如果空间和时间二者缺一，则既不可能有特征各异的物质个体，也不可能有变化，因果关系也将失去适用的对象。根据因果律，物质世界的每一个变化都必有其原因，或用叔本华的话说，“每一种呈现的状态都一定是由此前的某个变化所引发或导致”（《四重根》，53）。该原则不容许有例外：我们通常所说的某个事件的原因只不过是发生在该事件之前的一个具体变化，而此变化本身又一定是由更早的变化所引起，依此类推。叔本华所用引发一词的含义，是指有规律地相继发生，或“与第一状态存在的频率相同”。原因和结果之间的关系是，只要第一状态出现，则第二状态将不可避免。这种关系被认为是必然关系。

叔本华对经验现实的性质有着简单而清晰的观点。物质个体存在于时空之中。物质能够与其他物质发生因果互动关系。一种物质所发生的每一个变化都是此前一种物质发生的某个变化的必然结果。可是，一种较为复杂的情况是，叔本华在对待物质问题上不是一个现实主义者，而是理想主义者：就是说，对他而言，没有意识就没有物质。与康德一样，他认为我们刚才所描述的整个结构仅仅作为向我们这些主体呈现的对象存在，而本身并不存在。当叔本华称时空中的经验事物为客体的时候，他指它们是**某一主体**的**客体**。在他的语汇中，“客体”是指在经验中或在主体的意识中遇到的事物。空间和时间是我们赋予经验的基本形式。所以如果没有主体，就不会有时空的物质占有者，物质状况之间存在的因果关系是我们作为主体所强加的。

在叔本华对感知的描述中，人的智性“创造”了由普通物质组成的世界（《四重根》，75），其途径是将因果律应用于我们的肉体感官所接收的感知印象。我们察觉到身体状况中发生的某种变化，接着我们的智性就运用因果律，投射出空间中一个“外在的”物质客体作为感知印象的因——这个投射物就是我们所谓感知的客体。所以因果律对叔本华来说具有双重重要性：它不仅主导物质之间的相互作用，而且为我们首先构建起对这些物质的认识。这个描述有一定的创造性，却又让人困扰。其一，肉体的感知印象从何而来？它们原本肯定是在智性活动之前由某种原因在身体内引发的，但叔本华并未讨论这个先在的原因是什么。其二，我们如何意识到最初的感知印象？后者不可能以物质个体（身体）发生的变化的形式而被意识所察觉，但如果不是这样，又何必要运用掌管物质变化的因果律呢？

叔本华认为意识的第二类客体由**概念**组成。在他看来，概念是精神的表征，性质上属于派生的：他称之为“表征的表征”。初级表征是对物质世界中的事物——比如一棵具体的树——的经验；相反，**树的概念**则是以省略每一次经验中的细节因素而形成的、代表许多同类事物的一般性表征。叔本华喜欢强调概念与直接经验永远相隔至少一步之遥，后者他以康德术语Anschauung（直觉或洞察）表示。他认为，一个对我们很有用处的概念，一定总是能够转换成经验。以此衡量，诸如**存在**、**本质**或**物**这些概念实用价值最低（《四重根》，147、155）。我们将看到，叔本华还持以下观点：在一些领域，如艺术和伦理学，抽象的概念化思考实际上有可能阻碍真正的洞见。

尽管如此，叔本华认为，对概念的把握是人类的一个显著特征，它使我们超越了其他动物所能达到的意识高度。在他看来，其他动物在很大程度上跟我们一样，也具有对时空中存在的物质的感知能力——他在一段非同寻常的论述中悲叹在“人类皮肤变为白色的西方”，我们已经不再承认我们与动物之间的亲缘关系，而把它们贬为“野兽或畜生”（《四重根》，146）。但是其他动物的确缺少概念表征，进而缺乏判断、推理、创造语言或认识过去和未来的能力。思考或判断是概念的基本功能。叔本华把判断称为概念间的组合或关联，虽然他并不十分清楚这种关联的具体内容。他对判断可以表达知识这一观点更感兴趣，正是在这一点上充足理由律再次发挥了作用。“如果一个判断表达的是一件**知识**，则它必有一个充分的根据或理由；因为

图5 叔本华：路德维希·西吉斯蒙德·鲁尔创作的肖像，1818年前后

这个特征，它就具有了**为真**的属性。因而**真理**就是一个判断对与之不同的某事物的指涉"(《四重根》,156)。若一判断为真且有基于其自身之外的某事物作为充分根据，则该判断等同于知识，这是一个为人熟知的观点。叔本华的简短评论似乎未将一判断之拥有充分根据与其为真的属性加以区分。他是否接受以下观念，即真理便是与事物的状况相符，无关乎是否有判断其为真的根据，这一点仍然含糊不明。

叔本华所成功论证的是，为真的判断可以有各类不同的根据。它们可能基于另一个判断，比如当我们从一个真理辩论、断定或推导(《四重根》,157—158)另一个真理的时候。另一方面，它们可能是"经验真理"，其根据不是基于另一个判断，而是源于经验。例如，我们作出"树上有雪"这个判断的理由可能是出于感官的见证。而在"树上有雪。雪是一种白色的物质。所以，树上有一种白色的物质"这个三段论中，最后一个判断为真的根据只不过基于前两个前提的真实性。叔本华把这称为"逻辑的"或"形式的"真理，它仅指基于演绎而不是观察的真理。按照他的描述，还有其他两类真理，他称之为先验真理和元逻辑真理。它们分别出现于当判断建立在经验状况之上或一般的思想状况之上这两种情况。一个著名的先验真理是"万事有因"，它既非基于观察也非基于从其他真理的演绎，而是一切经验所依据的基本原则。(叔本华在这一点上紧随康德。)元逻辑真理一般被认为是这样一种判断，即如果我们试图违反它，我们就完全不能正常思考。叔本华给出的一个例子是"不能同时承认又否认谓项为主项的属性"：比如，我们不能认为"雪既是白色又不是白色"。叔本华声称，充足理由律本身就是这样一种真理，尽管在一些伪装下，特别是在因果律的伪装下，它以先验真理的形式出现。

叔本华在《四重根》中给出的第三类客体仅由空间和时间构成。我们又一次离康德很近，他认为我们不仅能了解充满空间和时间的具体事物，而且能了解空间和时间本身的基本特性。根据这种观点，几何和算术是有关空间位置和时间顺序的知识体系，但它们既非科学的经验知识，也非纯粹的逻辑演绎。基于这种在今天会受到质疑的几何与算术观点，康德得出了结论，认为我们一定能以一种纯粹的、非经验的思维方式把握空间与时间。叔本华亦步亦趋，提出了他的充足理由律的第三类形式。比如，一个三角形具有三条边与它具有三个角之间的关系是彼此互为基础、互为充分理由。但叔本华争辩说，这种关系不是因果之间的关系，也不是一种知识与其论证之间的关系。我们不仅必须区分"成为"的理由（基于原因的变化）和"知晓"的理由（基于论证的知识声称），还必须区分"存在"的理由。如果说一个三角形有三个角是因为它有三条边，我们所指的理由不过是空间或其中一个面的存在方式。

充足理由律的最后一种形式仅适用于每个主体的单一客体。我们每个人都能意识到自己是意志的主体。我们经历着自己的"想要"和"作决定"的状态，而且总能问"为什么？"（《四重根》，212）。我们假定我们的意志行为有其先在的理由，它能解释我们的行动或决定。这种先在的东西就是叔本华所称的**动机**，其运作原则就是他所谓的"动机律"，或行动的充足理由律原则。它认为每件意志行为都能用某种动机来加以解释。动机与意志行为之间的联系为因果关系，与普遍适用于物质世界变化的因果关系一样。因此，如叔本华所言，动机是"从内部看到的因果律"（《四重根》，214）。

充足理由律的局限性

叔本华之前的哲学传统对不同的解释形式没有作出始终如一的区分,《四重根》是把它们区别开来的一次非凡而执着的尝试。我们完全可能认同他的请求,即从今以后“每个哲学家,当其在推断中把结论建立在充足理由律的基础上,或只要谈及一个理由的时候,都应被要求说明他所指的是何种理由”(《四重根》,233)。然而,厘清支配着我们的经验与推理的框架仅仅是叔本华的任务之一。他在1847年的扩充版中说,他所讨论的关系无一适用于构成我们经验的现象之外的范围:充足理由律的任何一种形式均不能适用于被认为是物自体的世界(《四重根》,232—233)。他还提醒我们,“崇高的柏拉图”把现象现实降格为“总是昙花一现,却从未真正而真实地存在过”的东西(《四重根》,232)。

在1813年的笔记本中,叔本华回到原来的任务,想揭示在所有这些主体强加的联系模式之外有何物。于是有了一个十分重要的发现:随着考察的深入,有一点明朗起来,即揭示物自体的本性与厘清“更好的”柏拉图式意识是两项截然不同的工作。物自体是一个隐藏的本质,它在我们强加于经验客体之上的秩序下运作。驱使他前进的动力也正是他自己的内在本性——可以说是在他内心涌动着的世界。他把这种隐藏的本性称为意志,并把它与普通生活所施加的“苦难”相关联。与此相反,只要他能够不再**是**这个意志,不再强加一切主观的联系形式,那么同样的世界将呈现出完全不同的面貌:它将笼罩在永恒和客观的荣耀之下,以“柏拉图理念”的华美盛装展现在他的面前。叔本华哲学的真正成形以他廓清物自体(意志)与“柏拉图理念”

之间的区别为标志：前者指经验世界所包藏的昏暗现实，在这个世界中个体辛苦劳作并试图理解事物之间的联系；后者指一种值得追求的非凡境界，在那里一切联系都将解除，现实更为光明，无须苦心积虑地思考。

第三章

作为意志和表象的世界

叔本华最伟大的著作《作为意志和表象的世界》共分四卷，第一卷还收录了关于康德哲学的长篇附录。每一卷都呈现出一条清晰的思路。第一卷把世界看做表象，或者说是我们经验中的世界。第二卷又说，这个同样的世界（也是我们自身所在的世界）必须换一个角度来看待，那就是把它看做意志。以前我们曾把现象/物自体的区别称为叔本华哲学的支柱：现在“作为表象的世界”就相当于“现象”，而“作为意志的世界”就是物自体。但到了第三卷，审美思考的出现导致个人意志行为的中断，并把客体世界转变成永恒的理念现实。最后，第四卷强化了叔本华对于由欲望和行动组成的日常生活的悲观主义观点，提倡消灭人自身的意志，由此通向伦理之善，最终达到某种听天由命的神秘主义救赎。

表象

那么，世界首先是表象。换句话说，世界是把自身呈现于主体经验中的那个东西。叔本华首先阐述了一种唯心主义立场。这种观点认为，我们所体验的物质客体之所以有序，之所以存在，取决于认知它们的主体。他称自己的立场为先验的唯心主义，这是康德的说法。但他也强调他与贝克莱具有一脉相承的关系，因为他在后者的信条"存在就是被感知"中看到了唯心主义最初的真理之光——康德的贡献则在于解释当客体世界由空间、时间和因果关系等必要规则控制时，被感知的事物是如何构成客体世界的。叔本华对经验世界的解释就是他在《四重根》中的解释：经验事物由物质组成，物质充斥于不同的空间和时间，并与其他的时间和空间产生因果互动。不过按照叔本华的唯心主义观点，离开了经验主体，所有这些客体都不会存在。

更具体地说，脱离具有经验的主体，**个体**事物就不会存在。我们在日常生活中所体验的是不同的事物。一张桌子是不同于其他桌子的个体，一只动物或一个人也是如此。但把世界分为个体事物的有效原则是什么呢？叔本华给出了一个明确而合理的回答：空间和时间中的位置。两张桌子是不同的个体，因为它们处于不同的空间，或者处于不同的时间，或者处于不同的时空。现在，如果你接受这种观点，并和康德一样，认为按照时空结构来组织事物是源自主体，而且这样的组织只适用于现象世界，不适用于自在世界，那么你就会得出结论，个体在世界中的存在方式不同于个体作为物自体的存在方式。如果不是我们主体赋予世界以时间和空间，那么世界就不会分化为个体事物。于是这里就出现了叔本华哲学的两条重要原则：空间和时间是个性化的原则，或者用他喜欢的拉丁文表述，*principiurn individuationis*（个性化原则）；在"自体"这边不可能存在个体。

叔本华关于唯心主义有四个主要论点。其一，我们不能想象存在于我们思想之外的任何事物，因为"我们在某一时刻想象的……只是一个认知性存在的智性过程"（《作》第二卷，5）。这使人们想起了贝克莱提出的一个具有争议的论点。贝克莱认为没有被感知到的树是不可想象的。然而，叔本华引用这一论点并没有说服力，因为即使**我对**独立于我思想之外的世界**的想象**必须以我的思想为前提，但我所想象的事物——独立于我思想的世界——的存在却并非如此。第二个论点认为，如果怀疑主义行不通，唯一可行的就是唯心主义。怀疑主义认为，我们不可能确切地认识物质事物的存在或本质，因为所有能够确定的都是我们自己意识范围之内的。如果拒绝唯心主义（该观点往后继续），认为物质世界完全存在于主体意识之外，那么就不得不承认怀疑主义的胜利，承认我们永远无法确切地认识物质世界。如果我们想坚持认为我们有资格**认识**物质世界，认为物质世界具有空间、时间并遵循因果律，那么就必须接受一点，世界不存在于我们的意识之外。

叔本华的第三个论点接着主张，实在论——作为唯心论的替代——脚踏两个"世界"，其中一个是多余的。

> 实在论认为，世界应该是存在的，像我们认识的那样，但它的存在又独立于人的认识。现在，让我们暂且从世界中去除所有认知性生物，那么世界上就只剩下无机物和植物。有石头啊，树啊，小溪啊，还有蓝天……但是，随后让我们往这个世界放一个认知性生物。那么，世界就**再次**将自我呈现在人脑中……这样，对于**第一**世界而言，增加了一个**第二**世界。虽然第二世界与第一世界完全分开，但却惟妙惟肖……所有这些看起来很荒唐，因此我们深信，头脑之外的绝对**客观的**世界——即独立于头脑且**先于**所有认识而存在的世界，那个我们起初认为已经设想过的世界，原来只不过是已经**主观**认识到的第二世界，

即表象的世界。这恰恰就是我们实际上所能想象的世界。（《作》第二卷，9—10）

叔本华在此涉足的领域，在他前后都充满着比较复杂的争议。至此讨论的三个观点早在贝克莱那里就出现过。但是，这些观点并不是决定性的，原因很简单。实在论者回答"怀疑论"的争论时会说，如果在怀疑论和唯心论之间进行选择，怀疑论更好。接受这种物质依赖于主体而存在的观点以保证认识，代价未免太高。而且该论点只是说，如果说我们具有任何确切的认识，则必须首选唯心论。人们也许认为不存在确切的认识，坚持认为经验世界仍应被视为独立于主观意识而存在。对于第三点，即存在于意识之外的物质世界是多余的，实在论者可以简单地回答说，意识之外的这个世界可能就是**那个**世界。只有唯心论者想说，意识中物质的**图像**就已经是物质世界了。实在论者不这么看，他们将独立于我们而存在的世界与我们关于世界的图像明确区分开来。然而，叔本华的一些观点与争论中我们所熟悉的内容相一致，对于批驳一些反对派很有价值。如果实在论既说我们只能确定存在于我们意识中的东西，又说意识之外的世界与我们头脑中建立的世界的图像一模一样，那么就可能遭到他的批评。

叔本华关于唯心主义的第四个论点是他最大的法宝。它建立在**主体**与**客体**这两个概念之上，主体就是认知者或体验者，客体就是被认知者或被体验者。表象的世界对叔本华而言需要两者兼有。他有两个宏论：第一，任何东西不可能既是客体又是主体；第二，绝对不存在没有客体的主体，或者没有主体的客体。他正是利用最后这个观点建立了唯心主义，而且在事实上使唯心主义成为一种显而易见的东西。如果没有主体去体验或思考，就不存在任何体验的客体。但我们为什么必须以这种方式思考时空中的物质客体呢？叔本华就会说，称它们为客体是为了说明它们能够而且确实存在于我们的体验之中。但他又要求我们相信，我们无论体验到什么，其存在都必须只是相对于我们对它的体验而言。这一简单的原理是叔本华的核心立场。由于这一原理，他认为，一旦人们能够恰当地理解唯心主义，就不会对之产生重大怀疑。不过这个原理确实是有问题的。

《作为意志和表象的世界》第一卷用相当多的篇幅讨论感知和概念推理的区别。我们在前一章看到，叔本华认为，我们与其他动物都具有感知能力，但正是概念和推理把我们与动物区别开来。对世界的感知关乎他所称的智性或理解力，他提出概念思维和判断在其中不起任何作用。另一方面，利用概念形成判断，把判断作为前提和结论互相联系起来，如此等等，则关乎他所称的理性。通过贬低理性的重要性，把概念视为或多或少是由直接经验或直觉模糊抽象而来，叔本华为人类思想和其他生物思想之间的密切同化铺平了道路。

意志

我们读完第一卷再读第二卷，会突然发现一种逆转。这主要体现在一个关键问题上。在作为表象的世界里，我是谁？世界在我面前展开，它包含时空中的个体事物，这些事物纷纷在因果律的作用下发生变化——但我自身正是那个主体，该主体与它所经历的所有客体（包括我称之为身体的那个客体）都有所区别。似乎缺了什么。我似乎成了“长着翅膀而没有身体的天使”（《作》第一卷，99），我面对的世界成了我不属于其中的异己。

> 对于这种纯粹的认知性主体而言，身体和所有其他事物一样是一种表象，是诸多客体中的一个客体。它的运动和行为像所有其他认知客体的变化一样，目前为止以同样的方式为他所知；如果不用完全不同的方式破解它们的意义，这些客体对他而言都将同样地陌生，同样地不可理解。否则，他将把自己的行为看做呈现出来的动机的结果，遵循某种永恒不变的自然法则，就像其他客体的变化都有其原因、刺激和动机。但是，他对动机影响的理解，不会比他对任何其他出现在他面前的因果联系的理解更深入。（《作》第一卷，99—100）

叔本华提出这个难题，就是想让我们接受全书的核心思想，下面就揭开它的面纱：

> 然而，这一切并非事实；相反，谜底是针对呈现为个体的认知主体，谜底就是这个词，“意志”。意志，只有意志才是他认知自我现象的关键，向他揭示其中的意义，向他表明他的存在、行为以及运动的内部机制。对于认知主体，这个只通过对身体的认同来作为个体出现的主体，身体是以两种完全不同的方式被赋予的。身体是在对作为表象的智性的感知中被赋予的，是众多客体中的一个客体，会受这些客体规律的影响。但同时，身体还以一种非常不同的方式被赋予，即作为每个人立即就明白的东西，用一个词来指称，就是**意志**。（《作》第一卷，100）

叔本华的意思是，当我行动的时候（当我做什么事时），我的身体会运动；我对身体的运动的意识不同于我对其他感知到的事情的意识。我是“外在”于其他客体，或者说它们“外在”于我——但我自己的身体以一种独特而亲密的方式表明它是我的。可以这样解释：其他事件只是通过被观察到而发生，而我身体的运动是**我的意志**的表达。叔本华对意志行为的解释是反二元论的。二元论者认为，精神领域和身体领域是有区别的，**意志行为**（或意志力）是精神领域的事件，而身体运动是发生于身体领域的不同的事件。叔本华对此表示否认：

> 意志行为和身体行动并非两种不同状态的客观认知，并非由因果关系相联系。它们的关系不是因果关系，两者完全相同，虽然它们是以两种完全不同的方式被赋予的，首先是相当直接的方式，然后是为理解而进行感知的方式。（同上）

意愿、奋斗和努力要被看做我们用身体所做的事情，而不是与我们的身体没有关系的事件。它们在身体现实中表现自己，但也保持着“内在”性，因为我们每个人都以一种直接的、观察不到的方式知道自己奋斗的目标。这样，叔本华所称的“身体的行为”就既不属于彻底的精神领域，也不属于彻底的身体领域，而是具有两面性的单一事件：对于同样是普通经验世界之一部分的某个事物，我们每个人都有“内在”意识，并且这一点能够被观察到。

这种对意志行为的解释是叔本华思想中决定性的一步，因为它把人类主体牢牢置于物质世界之中。如果为目标奋斗就启动了身体，那么，在我们的意志行动时，我们就扎根于客体世界之中。因此，叔本华不能将意志的主体看做身体以外的任何事物。同时，他又反过来说，我们的身体性存在不过是意志行为。只要我们经历恐惧或渴望、喜欢或厌恶等情感，只要身体自身根据营养、繁殖或生存等各种无意识功能产生行为，叔本华都洞悉到意志在证明自己——不过是在一种新的广泛的意义上。他想要表明的是，普通的有意识的意志行为在本质上与许多其他启动身体或部分身体的过程毫无区别。不可否认，意志行为包含有意识的思考——它包含身体因智性中的动机而导致运动——但对于叔本华而言，这在原则上跟心脏的跳动、唾液腺的激活或者性器官的唤醒毫无差异。在叔本华看来，所有这些都可被看做个体组织在表现意志。身体本身就是意志；具体而言，身体是生命意志的表现，是一种盲目奋斗，一种位于有意识的思维和行为层面之下的盲目奋斗，其目的是保存生命，再次孕育生命。

这一有趣的想法包含于一种更为广泛的主张中，即整个世界本身就是意志。正如我的身体运动有着客观经验未能揭示的内在性一样，世界的其他事物也是如此。叔本华想寻求一种让自然界所有的根本力量变为同质的解释，并认为科学天生是不能令人满意的，因为科学总是说着说着就没了声音，它解释现象的行为，却说不出现象的本质或隐藏的内在特征。它对自然的统一解释是，所有自然过程都是意志的表现。这初看起来有点异想天开——但我们应当注意叔本华的告诫：他大大地扩展了"意志"这一概念：

> 迄今为止，自然界任何具有意志的奋斗力量或操作力量，其内在本质的同一性都还没有得到认识，因此，诸多同类而不同种的现象还没有得到认可……所以，指称这“类”概念的词语尚无法存在。因此，我用最重要的种来命名类，对这些种的直接知识离我们最近，可以引导我们间接认识所有其他事物。但任何未能按要求引申该概念的人将永远处于误解之中。（《作》第一卷，111）

所以，我们不能头脑简单地把“意志”从人类行为迁移到整个自然。它只是在还不存在任何合适词语的情况下充当最方便的术语。然而，叔本华哲学的这个方面让人费解。什么是对意志概念“按要求引申”？可能这是对意义的引申：如果“意志”现在具有新的含义，可能会避免叔本华说些荒唐的话。但对这种想法不应该作过于宽松的理解。例如，叔本华坚持认为“意志”与“力量”不可通用（《作》第一卷，111—112），而且问题并非只是“语言上的争论”。通过声称所有过程都是意志，“我们事实上把某件鲜为人知的事当成了为人熟知的事，其实也就是当成了我们立刻完全知晓的那件事”（《作》第一卷，112）。把意志行为归入力量（或者能量，前面也提到过）之下并非叔本华的本意。有关意志的整体原则之所以对我们有所教益，只是因为我们从自身行动中对何为意志行为有了一定的理解。另外一种解释是，叔本华把“意志”的意义固定了，只是放宽了它所指现象的范围。他的确说过在力学中，“**求索**表现为地球引力……**溃散**表现为接受运动”，以及类似的话（《作》第二卷，298）；他准备着用惊人的话语来谈论“洪水奔流而下的强大的、不可抗拒的冲击力，磁铁始终指向北极的毅力和决心，铁器飞向磁体的迫切渴望”

(《作》第一卷，117—118)。这又当如何理解？如果从字面来理解，不免令人难堪。但这里他可能在做一件更为玄妙的事情，试图通过修辞手段告诉我们自身与自然的亲缘关系：无机世界的行为在一定程度上“**像**人的欲望那么强烈”，所以“我们不用发挥过多的想象力就能再次认识我们自身的内在本质，即便它非常遥远”。但这并不是说铁真的渴望什么，或者说大水奔流是因为它想要奔流。

我们通常称做意志行为的东西应该是认识世界的明确路标。因此，“意志”必须仍然在运用于人类行动的意义上进行理解；然而，我们必须扩展其意义，至少扩展到不至于野蛮地认为世界上每一个过程背后都有一个思想、一个意识或一个目的。在很大程度上，叔本华让我们相信，世界是盲目地运行的，“以一种枯燥的、片面的、不可改变的方式”运行——每个人类个人意志的许多表现也是如此。下面这段话非常清楚地说明了叔本华的观点：

> 只有意志是**物自体**……它的所有表象、所有客体就是现象、可见性、**客观性**。它是每一个具体事物最深层的本质、核心，也是整个世界的本质与核心。它出现在自然界每一种盲目行动的力量中，也出现在人们刻意的行为中。两者之间的巨大区别只与表现的程度有关，与表现的内在本质无关。(《作》第一卷，110)

这当然意味着，自然中的各种力量，那些与意识目的相关和不相关的力量，必须被理解成某种形式的奋斗或对目的的追求，即使是非常微弱的形式。

这种学说还有两个特质值得注意。首先，如果意志是物自体，它就不是存在于时空中的某种东西。时空只是主体强加给作为表象的世界的结构，而物自体是在作为表象的世界被忘却时所遗留的东西。既然叔本华认为时空是个体化的原则，那么

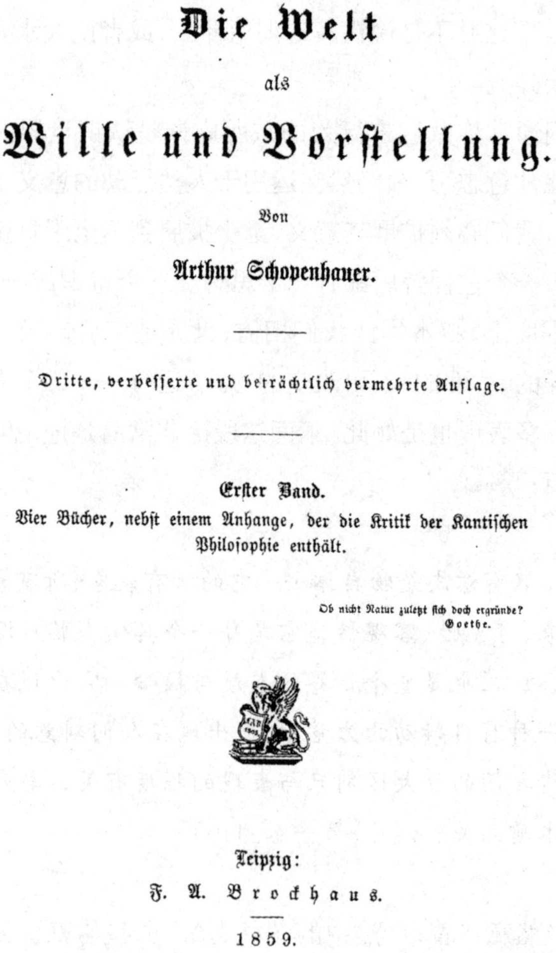
Die Welt

als

Wille und Vorstellung.

Von

Arthur Schopenhauer.

Dritte, verbesserte und beträchtlich vermehrte Auflage.

Erster Band.

Vier Bücher, nebst einem Anhange, der die Kritik der Kantischen Philosophie enthält.

Ob nicht Natur zuletzt sich doch ergründe?
Goethe.

Leipzig:
F. A. Brockhaus.
1859.

图6《作为意志和表象的世界》书名页

物自体就不能分裂成独立的个体。除了表象、空间和时间，只有整个世界才应该被视为意志。其次，作为物自体的意志与日常经验世界的事件之间不可能存在因果关系。因果关系也只是在个体物质事物发生的经验变化这一层面上起作用，在物自体的层面上不起作用。康德似乎要求物自体能够对我们产生因果影响，有些类似于某个经验客体，而叔本华充分地意识到，这种观点正是许多同时代的人接受康德思想的绊脚石。叔本华自己回避这个问题，从不认为作为物自体的意志是一种原因。但是，自在世界与我们经验认识当中的事物和事件之间又是什么关系呢？叔本华有时会谈到经验实际中意志的“表现”，但他喜欢用的术语是“客体化”。这意味着世界呈现给我们的只是我们所能体验到的那一面。我们不得不把单一意志和它在纷繁现象中的客体化看做硬币的两面，即同一世界的两个方面。

这里一个重要的问题是物自体的可知性。叔本华的意志论是形而上的。对他来说，形而上学解释了实在的根本性质，但形而上学把经验资料用做唯一可能的指南：“世界之谜的答案必须来自对世界自身的理解……形而上学的任务不是忽略世界存在于其中的经验，而是彻底地理解它，因为内在与外在经验肯定是所有认识的主要泉源。”（《作》第一卷，428）严格地说，我们的认识再多，也只能局限于内在与外在经验的现象。所以我们不会——也不能——认识纯粹的物自体。我意识到自己正在进行中的意志行为时，我所认识的是意志的现象表现，不是物自体。然而，正是这种对我自己的意志行为的认识才是认识整个自在世界的关键。但如何认识呢？

我们知道，叔本华拿物质客体世界的经验与对人自身意志行为的“直接”意识进行对比。有时，他认为后者似乎直接就是对物自体的认识:“我的身体是我认识的唯一的客体,我不仅认识它表象的一面,而且认识它被称为**意志**的另一面”(《作》第一卷, 125);“每个人都发现他自身就是这种意志,世界的内在本质就由它构成”(《作》第一卷, 162);“一种**源自内部**的方法能让我们看清事物的那种真实的内在本质,这种本质我们**从外部**无法洞察”(《作》第二卷,195)。这可能在暗示我们内心与物自体直接的认知性接触,还可能暗示我们可以进一步推测世界上万事万物都有一个类似的内在本质。但我们一定想知道,如果物自体是绝对不可知的,这又如何能实现?叔本华比较慎重时就说,我们“立即”认知的意志行为是一个时间中的事件,因此是我们表象的一部分,而不是物自体。但是,他还说,虽然物自体“不是赤裸裸地出现”,但在我们对行动的“内在”意识中,已经“在很大程度上揭开其面纱”(《作》第二卷, 197)。在我们对自身意志行为的意识中,我们仍然站在表象和物自体之间二分的这一边,但我们可以说我们距离认识物自体更近了。但这仍然麻烦。如果对我们意志行为的认识是我们最接近物自体的认识,即便在这里也不能直接认识它,那么,我们宣称认识到它是什么的真实基础是什么呢?

作为形而上学的运用,叔本华的意志作为物自体的学说有着明显的缺陷,有人甚至怀疑他是否当真——也许**意志**只是一个用来解释广泛现象的概念,不应该引申到不可知的物自体?另一方面,如果这是他的全部立场,那么他不可能像他明确打算的那样揭开“谜底”。鉴于这些问题,他的形而上学理论追随者寥寥无几就不让人觉得奇怪了。然而,如果就此打住,未免目光短浅。叔本华更为严格限制的**生命意志**的概念是一种有趣而有力的思想,抓住了能观察到的人类和动物行为的特征。他的意志在人类中自我表现这一观念，以及他发现的我们为意志所统治但又逃离意志的对立性，使他得以给我们生活的很多领域赋予新的含义，这一点我们稍后就将看到。这使他能够把思维过程解释为具有一种有机的、指向生存的功能，能够说明无意识力量和感情对智性的影响，能够指出我们把自己描绘成理性的个体思想者在某种意义上只是幻想，能够把性作为人类心理的核心，能够解释音乐的力量和美学体验的价值，并认为日常生活不可避免地无法圆满，从而提倡抛弃个体欲望来与我们的存在达成和解。对后世哲学家、心理学家和艺术家产生最大影响的正是这些应用，而不是物自体就是意志这种枯燥的形而上的言论。

第四章

意志、身体和自我

身体和意志的统一

叔本华宣称的“我的身体和意志是一体的”(《作》第一卷，102)有许多不同的解释。首先，我们前面已看到，它是指意志的**行为**就是身体的运动。对此叔本华立场坚定，他说：“意志的每一个真实、真正、即时的行为也同时并直接是身体的一个明显的行为。”(《作》第一卷，101)虽然有些不合常理，但这意味着没有任何一种事物像意志行为一样，离开了人的肌肉和神经的正常运转就不能实现。(叔本华是否认为如果中风患者的身体不能按照其意愿来活动，这些患者就没有真正产生过意志呢？)但是叔本华是在试图废黜精神和物质之间的传统对立，而代之以一种意志和智性、理性之间的对立。知觉、判断和推理均是他所称的表象的功能。我们观察事物的一种状态在客体世界中的存在方式，判断它是应该被改变还是应该被保留，并形成行为意图。叔本华的主要观点是这些都还不是**意志行为**。知觉、思想和意图的活动是可能引发意志——也就是身体——产生行动的截然不同的预备事件。他淡化了意志行为和身体活动之间的区别，转而关注对客体世界的表现与其中的以实现目标为指向的运动状态之间的显著差异。

叔本华关于意志与身体统一性的另一个论据是，几乎所有对身体有影响的事物都引发意志的某种反应，反过来，一旦意志被激发，就总是会出现身体上的表现。以意志为主题列一个精神状态的清单可以包罗广泛：

> 一切欲望、奋斗、祝愿、要求、渴望、希望、热爱、欣喜、欢庆，诸如此类，不亚于不情愿或抵制，一切厌恶、逃避、害怕、愤怒、仇恨、哀悼、遭受痛苦——简言之，一切情感、激情。因为这些情感和激情都是人自身意志的冲动，有些微弱，有些强烈，剧烈、猛烈或比较平静，而人的意志有的遭到压抑，有的得到发泄，有的得到满足，有的又得不到满足。尽管它们变化多端，但都与意志目标的实现与否相关，与对憎恶对象的忍耐和克服相关。因此，它们是同一意志的外在感情流露，该意志活跃在决策和行动中。(《论意志的自由》,11)

叔本华承认，有时，当身体感官受到影响，我们的反应是中性的，并不以上面任何一种方式触发意志——但这种情况非常少见。多数情况下，这样的一个事件在一定程度上让人感到痛苦或者愉悦，乐意或是烦恼。同样，当我们处于叔本华那个清单上的任一种精神状态时，身体都会出现一种伴随特征：心跳加速，脸色煞白或是满脸通红。所以"每一次猛烈的、过度的意志行为，换言之，每一种情感，都会直接而即时地引发身体变化，影响它内部的活动"(《作》第一卷,101)。对叔本华来说，这些想法有助于说明身体和意志的同一性。从叔本华所说的更宽泛的意义上来看，它们的确至少表明在身体存在和意志行为的经验表现之间存在紧密关系。

引起身体运动、产生于有意识思维中的表象就是叔本华所说的**动机**。我们同其他感知世界的动物一样有一些相同的动机。比如，猫因为感知到天敌或者食物而做出的行为就被叔本华归为由动机引起的意志行为。相反，人类是不同的，不仅感知动机，理性动机也可以引起他们的行为：通过概念化地表现事物，我们推理出应该做什么，这个过程是促使我们行动的原因。猫因为觉察到食物并感到饥饿就可能吃东西，而人吃东西则是因为他作出判断：这样做是最好的行动方式。但是意志行为在这两种情况下都以相同的方式通过身体活动表现出来。在叔本华看来，不同的意志行为真正的区别在于引起它们的原因。他区分了三种基本的原因，分别是动机、刺激和纯粹简单的原因（例如机械和化学变化中的原因）。

至此“意志行为”一直代表一系列具有身体表现的精神状态，包括积极奋斗、各种情感，以及快感和痛感。但是意志在身体上的一些表现我们根本不该称之为精神状态，而是一种甚至连其他较低等自然生物也具有的东西。植物对光线、水分、重力等以一定方式作出反应。它们并不实施行为，它们的活动和改变也不是由动机引起的，原因很简单，它们不具备用来感知的思维。导致植物向阳行为的是**刺激**，而不是动机。然而，叔本华还是愿意将这种植物行为看做意志的一种体现，他认为，即便不存在有目的性的思维，这种行为也只能被理解为具有目的指向。叔本华将意志归为身体活动，认为意志不同于表象，于是他发现植物对刺激的反应活动与猫及人的动机活动之间有密切联系。很明显，人类和动物也会对刺激作出反应——瞳孔无意识地收缩即是一例。在叔本华看来，这一情况同样是意志的一种表现——尽管这并不是意志**行为**，因为它不是由对世界的有意识的表象引起的。

生命意志

意志这个概念在叔本华那里并不局限于身体对动机和刺激的偶发反应，因为他宣称"整个身体只不过是物化了的意志"（《作》第一卷，100），意思是身体生长和发展的方式，以及它各部分的组织方式都揭示了一条为目的奋斗的原则，一条"盲目"起作用的原则：

> 牙齿、食道和肠道是物化了的饥饿感；生殖器是物化了的性冲动；能抓取的手和灵活的脚则对应那些它们所表现的意志的较为间接的努力。（《作》第一卷，108）

身体运转的基础和解释这种运转的东西，其实也就是身体本身的存在，是它的生命指向性——叔本华称之为**生命意志**。叔本华是在大胆地寻求一个假设，以解释所有生命形式生长、运转和发生行为的方式。

很容易想到的是，"生命意志"这个观点是错误地建立在自然界存在目标这个观点之上的。但是，尽管叔本华表明"目标"或"目的"是通过各种行为模式和具体器官的运转来实现的，他显然还是认为有机体不怀有任何有意识的目标——因为意志的运作是"盲目"的：

> 从动物的本能和机械技能上我们同时看到，意志在

不被任何知识引导的情况下同样活跃……一岁大的鸟没有蛋的概念，它却为之建了一个巢；幼小的蜘蛛没有猎物的观念，但它却去织网；蚁狮第一次挖洞做陷阱时对蚂蚁没有任何概念……甚至在我们身上，意志也以多种方式盲目地运作；在不受知识引导的我们身体的所有机能中，在身体所有关键过程和生长过程中——消化、循环、分泌、成长和繁殖中，意志都以多种方式盲目地运作。(《作》第一卷，114—115)

所以，尽管表面看来肤浅，但叔本华并不只是想从人格化的层面上理解自然。虽然他要我们用首先适用于我们自己的概念去阐释这个世界，但生命意志这个概念则起到将人性从不同于自然界其他生物的特殊地位降级的作用。首先，那种"盲目"的力量在我们的身体中和在自然界中一样运作：并没有任何有意识的意志行为来控制我们生存并繁殖生命。其次，甚至在有意识、有目的的人类行动的意志行为与在其他地方起作用的生命维持机能和本能之间，也存在着一种紧密的连续性。我们追求配偶，养育后代，是为与其他动物相同的本能所驱使。叔本华还将人类的感知、理性和行动能力视为一种涵盖面更为广泛的原则的分支，这种原则使得昆虫筑巢，羽毛生长，细胞分裂。在这方面，生命意志看似一个相当有前瞻性的概念。另一至关重要的特征是，叔本华坚决反对把自然看做具有外在的或是神性的目的。即使"单一的意志"贯穿现象的多重性而表现出来，也只是意味着一切行为都属于同样的奋斗或目的指向活动。一切生命形式都向着生命奋斗，但是自然界并不存在协调一致的目的，存在的是通常与达尔文主义紧密相关的无目的性和冲突。

叔本华嘲笑那些认为世界具有神性的“泛神论者”和“斯宾诺莎主义者”，但是他“压根不明白为什么存在这偌大的悲喜剧”(《作》第二卷,357)。

另一方面,叔本华确实相信世界上多种多样的生命物种和非生命物种是永恒的、静止的。并不是只存在个体,那些我们碰巧归类为蚂蚁、橡树或是磁场的事物。其实,每一个体都属于一个**种类**,这些能够存在的种类是固定的。所以,虽然个体事物在时光中来来去去,但**蚂蚁或是橡树**,作为一个种类,则是经验现实的一个永久的特征。叔本华表达这一观点有两种方法,他多次重复提到。一种是说意志(物自体)以一系列的**等级**来表现或是物化它自身。另一种是说这些表示种类的**蚂蚁**和**橡树**等是理念,或者是他常说的“(柏拉图的)理念”。我们能拥有的最客观的知识大概就跟那些“固定在物质自然界中的”持久形式相当。这样的客观知识并不在于认识赤裸裸的物自体——这是不可能的,而在于认识那些我们可以经历的事物的永久模式。

下面这段话很好地表明了叔本华如何在自然界运用他的生命意志学说和理念秩序的观念:

> 自然界中随处可见竞争、奋斗和胜败的交替……意志物化的每一个等级都为物资、空间和时间而战……这一普遍的冲突在动物王国表现得最为明显。动物以植物王国为自己的给养来源,而在动物王国内部,每一种动物又是其他某种动物的猎物和食物。这意味着,既然每种动物只有靠不断地淘汰其他动物才能维护自身的存在,表现一种动物理念的物质就必须让位于另一理念的表现。因此,生命意志通常是以饱餐自身而存在,它就是自己的养

料，以不同的形式出现，直到最终人类征服了其他所有生物，将自然看做是为供他使用而制造的。(《作》第一卷，146—147)

智性——意志发展的结果

现在我们来到叔本华观点的一个重要阶段，其重要性无论怎么高估都不算过分。他宣称我们关于经验世界的所有知识都是我们所属的这种有机体的产物。知识及其客体的结构取决于它的主体碰巧成为的生命意志的表现。读者在作为表象的世界的入口所了解到的一切，控制着我们经验客体的时空形式和因果关系，还有我们能通过抽象从客体中得到的概念和判断——所有这些都只是一种表象，下面隐藏着我们本性的驱动力：意志。我们成长为可以感知、判断和推理的生物，是为了实现生命的目标：生存、获取养料和繁殖后代。在叔本华的叙述中，这是人类主体的命运中一个显著的变化。我们引以为荣的认知能力似乎突然成了一种方式，某个特定的物种会用这种方式来控制影响它的环境，以促进自身的幸福：

个体生命及其繁殖取决于一些目标的实现，而（智性）就是为了理解这些目标而存在。但是这样的智性绝不是注定要阐释独立存在于认知者之外的事物和世界的内部本质本身。(《作》第二卷，284)

为建立这一理论图景，叔本华不得不既要声明所有的生物功能都是生命意志的表现，又要声明知识、知觉和推理是生物功能。为此，他支持一种非常直截了当的唯物主义思想：思维的状态即是大脑的状态。如果不从自我意识的观点来看待我们的思考和感知过程,而是以一种“客观”的眼光来看,我们必然得出结论说,它们“不过是大脑这个内部器官的生理功能”(《作》第二卷,273)。时空中的这整个个体客体的世界仅仅是由我们的表象组成的,而表象是大脑的功能。所以,大脑,这个“头骨中的柔软髓状物”支撑了整个客体世界——叔本华关于精神状态的唯物主义论述与他的理想主义结合,产生出这样的论断:个体事物的经验世界是大脑功能的产物。因为害怕说出这类事物,过去的人们发明了非物质的灵魂这个概念,但是叔本华却没有丝毫畏惧:

> 我们毫不畏惧地说,这个柔软的髓状物就像每一种植物或是动物的一部分一样,也是一种有机结构,它和所有那些在我们非理性兄弟的次等头颅中偏安一隅的较卑微的亲戚一样,甚至和那些毫无理解力的最卑微的生物也一样。(《作》第二卷,273)

最后,大脑是一个生物器官,所以也不能脱离叔本华的生命意志观念:

> 客观感知的**认知意志**就是大脑,如同客观感知的**行走意志**,就是脚;**抓取的意志**,是手;**消化意志**,是胃;**生育意志**,是生殖器,凡此种种。(《作》第二卷,259)

所以,他的立场是:我们关于经验客体的知识能力属于大脑的机能运转,大脑是身体的一个器官,而身体的所有器官为了繁殖生命得到了发展。因此我们大肆吹嘘的知识只是我们自己的一个派生的特征;我们身上首要的要素是在身体这个整体中自我表现的意志。有意识的行动是由对世界的感知和有关世界的推理引发的,这只是我们身上的这种意志被启动的一种方式。人类的个体主体不同于世界上其他奋力生存的生物,只是由于他或她的大脑的特殊组织结构产生了自我意识和推理。但是这些能力只是冰山一角,冰山的主体是意志。不管愿不愿意,我们都会被意志所驱使,陷入冲突、痛苦和挫折的困境。叔本华仍抱有超越这个困境的希望,但是,我们下面将看到,我们只有中止身上的意志或者令其自我背叛,才能充分发挥智性的最大潜能。知识必须最终"抛弃它的枷锁,从意志的所有目的中挣脱出来,纯粹为它自己而存在,只充当一面反观世界的明镜"(《作》第一卷,152)。但这种情况很难出现。

自我

我是什么?叔本华会说我是世界上的一个个体,是一个有生命的躯体,属于某一拥有意识、能够行动的物种。这样一来我怎么能够思考自身呢?对此他却语焉不详。在他的哲学中,自我被相继看做经验与知识的主体,意志和行动的主体,生命意志的身体表现,以及一面反映永久现实的纯粹的镜子。有时,好像这些不同的概念在争夺第一把交椅。这种**主体客体**二分法是《作为意志和表象的世界》整本书的出发点,在这里显得尤为重要。如前所见,他解释说主体是认知者,客体则为主体所认知。但是这必然使我们感到疑惑:主体是什么?

对叔本华而言,表象的主体是一种单一的意识,在这种意识中,多种不同的客体经验统一在一起。物质性的事物和概念性的思想在主体看来是表象。但是主体本身是思考着和感知着的"我",与被思考和被感知的事物是相对的。理解这一点很重要,即叔本华的表象的主体不属于客体世界的任何一部分。它根本不是一种事物。它不存在于时空中,不与客体发生因果关系,不可见,不等同于身体,甚至不等同于人类个体。他特别喜欢将主体比喻为一只眼睛,能看到外部世界却不能看到它自己,或是比喻为光线在凹透镜聚焦的无广延性的点。主体是经验汇聚之所,但它本身绝不是经验的客体:"我们从不知道它,但是它正好就是只要存在知识就能认知的事物。"(《作》第一卷,5)这样看待主体的不只叔本华一个人。他的这个观点有康德思想的影子,后者曾提出自我意识(知觉)的纯粹"我"的概念;另外,叔本华说,"神圣的《奥义书》中的优美章节提到:'它是人看不到的,但能看到万物;它是人听不到的,但能听到万物;它是人识别不了的,但能识别万物'"(《四重根》,208)。维特根斯坦后来借用了叔本华不能看到自身的眼睛这一意象和主体不是世界的一部分这一观念。

叔本华对这个纯粹的表象主体的态度是矛盾的。一方面,他说"每个人发现他自己就是这个主体"(《作》第一卷,5)。我们不仅意识到我们所思考、感知的事物,而且意识到那个会思考和会感知的**存在**。另外,他表示,我们不可能不想到那个会思考和感知的东西有别于它所意识到的所有客体——甚至是身体,即"客体中的客体"。但是,同时我们每个人又都是一个不同于别人的个体。每个人都与物质世界的某一特定部分紧密相连,而且,作为行为或意志的主体,每个人必须是一个血肉之躯。看起来我们同时是两种主体:意志行为的主体,它本质上是被体现的;以及认知主体,它是客观认知万物的,包括认知自己的身体和意志行为，它也是完全徘徊于个体事物的世界之外的。我们关于自我的概念也许应该加以分割。但我们认为思考和感知的“我”与行动的“我”是一体的,同一的。叔本华称之为“超凡的奇迹”,声称“意志行为的主体和认知主体的同一性是由于……‘我’这个词包含并表明了这两者,它是世界的节点,因此是无法言表的”(《四重根》,211—212)。

人们也许认为,叔本华无意间批驳了他自己的非客体的纯粹主体这一概念。因为他承认,这个概念充其量只是提供了一种不完全的、令人不解的思考自我的方式,他说很难解释“我”是如何能够同时指涉纯粹主体和行动的、物质性的身体的,他甚至不得不援用“奇迹”这个概念来解决这个问题。我们也可能无法相信我们确实“发现自我”是纯粹的认知主体,或是相信这根本只是一段关于自我意识的哲学论述所需要使用的一个概念。但是,叔本华的这些难题不只是他自己的无能为力——它们深深陷入了久久解不开的困惑。我们每一个人不**仅仅**是世界上的一个客体;我们需要一些解释,为什么人会意识到自身的存在,为什么既存在于自己的经验“内部”,又好像与世界上其他事物不同。叔本华不是二元论者:他避免一切认为灵魂、精神或非物质物体是构成现实的一部分的观念。现实是物质的,我们每一个人用“我”来指涉的东西部分地是这个世界的一种主动的物质事物。但叔本华显然是正确的,他说问题并没有就此结束。有一点似乎是真的:我不知怎么就“发现自己是主体”,无论我们多么确切地解释它。一些哲学家最近表示,要协调关于我们自身的“主观”和“客观”的观点,存在着一个根本的甚至是不可逾越的问题。叔本华揭示的这个潜在难题是一个重大哲学问题。

关于自我的不同观点本来就斗争激烈，在叔本华作出智性运转是大脑的机能这一唯物主义的解释、提出个体身体是生命意志的表现这一学说之后，这种斗争越发激烈。

> 智性存在于自我意识中，因而是主观的，它又在其他事物的意识中表现为大脑，因而是客观的。意志存在于自我意识中，因而是主观的，它又在其他事物的意识中表现为整个有机体，因而是客观的。(《作》第二卷，245)
>
> 作为一个不可分割的点，大脑活动(或知识主体)的焦点确实是很简单的，但它并不因此就是一种物质(灵魂)，而仅仅是一种状态、状况……这个**认知的**、有意识的**自我**与意志相关，意志是它外在现象的基础，就好像位于凹透镜焦点上的形象与镜子本身的关系；而且，正如那个形象，它只有一个受限制的，其实恰当地说仅仅是表面的现实。它根本不是绝对的第一物质(像费希特教导的那样)，它本质上是第三物质，因为它以有机体为前提，而有机体又以意志为前提。(《作》第二卷，278)

这里我们需要提取两个不同的要素，一是叔本华的唯物主义，一是他认为意志是我们的本质的观点。

我们既可以主观地看待自我，也可以客观地看待自我。如果我们客观看待自我，把自我看做出现在经验世界的事物，那么根据叔本华的观点，唯物主义就是最合理、最连贯的立场。单纯而简单地做一个唯物主义者可能会导致“片面”(《作》第二卷，13)，因为唯物主义绝不可能恰当地解释成为一个经历并理解世界的主体意味着什么这个问题：“唯物主义是一种主体哲学，主体忘记了考虑自己。”但是真理的一个方面是我们可以客观地把自己描述为居住在这个经验世界的事物，此处唯一的选择就是设想我们自己是时空的物质占有者，受制于因果法则。所以，我们从一个角度称之为思想和知觉的东西，从另一个角度就成了物质大脑和神经系统的过程。从这个客观的角度看，我们认为自我是主体，但这个主体——用叔本华最极端的话来说——“只是表面的”。

如何将关于自我的主客观看法结合起来是一个悬而未决的问题，但即便是这个问题也还不是叔本华带给我们的全部困境。因为大脑和有机体不仅仅是一个无活动力的物质现实的一部分。它们本质上是盲目意志的表达，能够使生命存在、繁殖。意志是根本，意志之下才是主体和客体的区分。意志和表象之间的更大对比在此得以重申。表现的主体和被表现的客体在一定意义上都是虚幻的，因为在自在世界中主客体之间的区分并不存在。即使我这个主体消失，所有组成我的经验的个体客体也随我而去，意志自身仍会存在，继续奋斗，继续产生新的生命形式。对叔本华而言，关于自我的最根本的观点是，这同一个意志将在产生了我这个主体的身体有机体中继续奋斗。

第五章
性格、性和无意识

意志和智性

对叔本华而言，人最基本的要素是意志。智性只是第二位的；叔本华将智性解释为生命意志在大脑和神经系统中的一种特殊表现，“只是为意志服务的一个工具”（《作》第二卷，205）。叔本华创造出很多意象来解释智性和意志的关系，他最喜欢的意象是一个视力正常的瘸子被一个身体强壮的盲人扛在肩上。智性是有意识的，是我们观察世界的窗户，但是引导我们行为的驱动力却深藏于精神之中，藏于身体或者说是人这个有机体之中。意志至上论有多种用途，广义上都属于心理或伦理层面。叔本华在某些方面是20世纪无意识的观点和性影响人的行为等观点的先行者，两者均源于他对智性和意志的对立性的思考。他的伦理学也依托于这样一种观点：使个体成为他自身的那个核心并不是智性，而是永久的、潜在的意志。

我们再次发现，个体对他或她的身份意识是不确定的。自我是介于意志和智性之间的混合体。尽管从客观上讲，智性也是意志的一种表达，但在我们自己的自我意识中，我们能够将智性区分出来，作为我们被有意识的知觉和思维所占据的那一

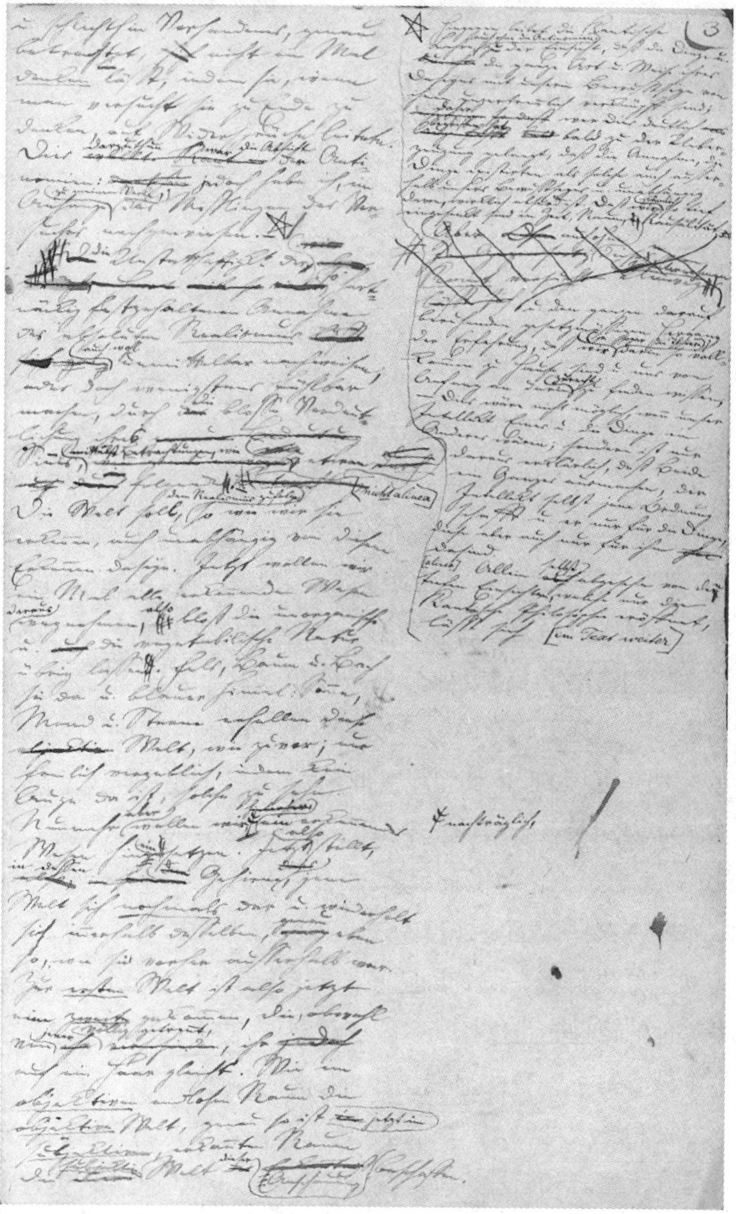

图7《作为意志和表象的世界》第二卷手稿摘录

部分。这一分裂的主观征候表现为我们可能意识到的多种冲突和控制：智性与意志之间的一种“表现在人身上的奇特的相互作用”(《作》第二卷,207)。例如,意志是我们身上相对原始的部分,还没有先进到以不同于真实信念的方式对假想的观念作出反应：

如果……我们独自一人,思考个人事务,这时一个栩栩如生的画面出现在我们面前，比如就在眼前的危险的威胁,以及可能出现的不幸后果,焦虑会立刻涌上心头,血液也停止流动。但是如果智性接下来转而考虑可能出现相反的结果，并允许想象力在我们面前描绘出一幅夙愿得偿的幸福情景，所有脉搏就会立刻因欣喜而加速跳动,心也会变得如羽毛般轻盈,直到智性从梦中醒来……我们看到,智性一旦奏响它的旋律,意志一定闻之起舞；事实上,智性使意志扮演了一个孩子的角色,照看这个孩子的保姆兴之所致,时而唠唠叨叨,时而讲故事,一会儿讲高兴的事,一会儿说伤心的事,孩子的情绪也随之千变万化。(《作》第二卷,207—208)

另一方面,我们对世界的普通体验中充斥着来自意志的肯定或否定意义：

在对世界和生命的即时感知中，我们一般仅从关系的角度看待事物……我们看房子、船只、机器等等,都是考虑它们的用途和适用性……我们想想，种种情感或激情在多大程度上模糊、篡改了知识,事实上,一点点的好恶就让我们的判断乃至我们对事物的最初感知都会产生扭曲、色差和歪曲。我们回忆一下，当我们因为一个圆满的结果而欢欣鼓舞，整个世界会立刻披上一层明亮的色彩，仿佛在对我们微笑，反之，当忧虑和悲哀压迫我们，世界会变得黑暗阴沉。我们再来看一看，甚至一个无生命的事物，由于它恰好是我们所憎恶的事件中的工具，也会显得面目可憎，例如绞刑架、关押我们的堡垒、外科医生的工具箱、带走我们心上人的长途客车，等等。(《作》第二卷，372—273)

我们倾向于不以“纯粹”的方式来使用智性。我们的经验和思维面对物质世界的方式是由意志驱动的——对叔本华来说，这进一步证明了他的意志是人类最根本因素的观点。他举出很多别的例子来说明意志持有偏见：

我们的**优势**，无论是哪一种，都有一种凌驾于我们判断之上的相似的神秘力量；与它一致的东西我们就觉得公平、公正、合理……一个想象的成形的假想，会使我们对所有能证实它的东西目光灼灼，对所有与它相悖的东西视而不见。与我们的政党、计划、愿望、希望相违背的东西，常常不能为我们所把握和理解，但是其他人却看得清清楚楚。(《作》第二卷，217—218)

任何希望把大脑描述为一个纯粹知觉和推理的中心的人，都必须推翻叔本华(根据传闻轶事、一般观察及内省)提出的大量反证；他认为我们的经验大部分被符合我们自己目的、本能和情感需求的东西所支配。

叔本华表现非凡洞察力的地方是在他的下意识理论，这是他的意志理论中更重要、更有影响的一个方面。既然意志独立于我们对现实的有意识再现而运行，它就可以被归为欲望、目的和感情，这些虽不是思维主体有意识怀有的，但却能控制他或她的行为。他举出一个例证（他称之为“琐碎”、“荒唐”，然而“触目惊心”），我们计算自己的财务状况，“经常会犯一些对我们有利的错，而不是对我们不利的错；这样做确实不掺杂一丁点不诚实的意图，只是我们无意识中有一种希望减少**债务**、增加**存款**的倾向”（《作》第二卷，218）。但这只是一个普遍原则的小范例。叔本华说，智性时常被排除在“它自己意志的秘密决定”之外。我不是有意识地决定我希望在一个特定场合发生什么，但是看到某种结果，我会感到“一种欢欣鼓舞，一种难以抗拒的喜悦扩散至我的全身……我自己也很惊奇……直到这时我的智性才认识到意志早已牢牢地控制了这个计划”（《作》第二卷，209）。

意志在这里是个体心智的一部分，尽管它始终处于有意识的智性视野之外，它仍然采取态度，引导公开的行为。叔本华甚至认识到一种类似于弗洛伊德许久之后提出的压抑论的过程：

> 这个意志……最终显示出它的至高无上。它的至上是通过禁止智性出现某些表象，完全制止某些思路的产生来实现的，因为它从同一的智性得知，换句话说，体验到它们会在它内部引起前面描述过的任何情感。于是它抑制、限制智性，强迫它转向别的事物……我们时常不知道我们渴望什么，害怕什么。我们能够长久地怀有一种渴

望，而无须自我承认，甚至也无须清醒地意识到它，因为既然我们对自我的好的看法会因意识到这种欲望而不可避免地遭受损害，智性就不会去了解关于它的任何东西。但如果这个愿望得偿，我们就会从我们的快乐中认识到这就是我们渴望的，虽然不无羞愧之情。（《作》第二卷，208—210）

在另一段有趣的段落中，叔本华认为这种机制导致某些形式的精神失常：

每一个新的不利事件都必须被智性同化……但是这种过程本身常常是痛苦的，大部分情况下是缓慢的，不情不愿的。然而，要想保持心智健全，这种过程必须每次都能得以正确执行。反之，如果在一种特定情况下，意志对一些知识的接受所表现出的抵抗和反对达到了这样一个程度……以至于某些事件或状况出于智性原因被完全压制，因为意志不能忍受它们的出现，而且，如果因此产生的鸿沟因必要联系而被任意填充起来，我们就会精神失常。（《作》第2卷，400）

性与性别

叔本华夸大其词地说，他之前所有的哲学家都“忽视”了性爱[“我是前无古人”（《作》第二卷，533）]，而他尤其对柏拉图的贡献不以为然，这是没有根据的（《作》第二卷，532）。然而，能如此直言不讳地谈论性，把性作为自己哲学的重要基石，叔本华又一次显示了他非凡的前瞻性。在他看来，性时刻存在于我们的思想中，"这一公开的秘密在任何地方都不能被清楚地提出，但却在所有的地方一直被认为是头等要事"(《作》第二卷，571)。"它几乎是人类所有努力的最终目的；它对最重要的事务产生不利的影响，时时干扰最严肃的工作。"(《作》第二卷，533)以上这些在叔本华的理论中毫不为奇。性交的冲动是人类存在的真正核心，这种本能是生命意志在我们身体中最直接、最强有力的表现："生殖器，"他乐于这样告诉我们，"是意志的焦点。"

叔本华将本能解释为这样"一种行为，似乎与一种目的或目标的概念一致，但又完全没有这样一种概念"(《作》第二卷，540)。性行为和性解剖以一种类似目的的方式指向生殖。当然，生殖有时也可能是有意识的目的，但在他或她的行为表现出本能这个意义上，个体有意识的目的就无关紧要了。叔本华认为，性活动及其复杂、广泛的环境所指向的生殖"目的"实际上就是人类这个物种的一个"目的"，是一种自我生产的内在动力，个体只是充当其载体而已。个体对性目标孜孜以求，反映了这一潜在的物种目的的重要性。

所以叔本华认为，个体性行为完全听命于一种非人的力量。对此他最惊人的提法是，一个尚未孕育的后代的生命意志将一对男女伴侣吸引到一起。他们认为自己的行为是完全出于自己的兴趣，出于对另一个个体的个人渴望，这种观点是一种"妄想"(《作》第二卷，538)。这种妄想本身是"自然可以达到它的目的"的一种方法。由此看来，世世代代诗歌中颂扬的"对爱情的渴望"，其实是情人的身外之物，于是也就具有个体难以控制的强大力量：

这种渴望使无穷的完美幸福这一概念与对一个确定

女人的占有紧密相连，使不可言表的痛苦与占有无法实现这一想法紧密相连；这种爱的渴望和痛苦不能从短暂个体的需求中获取素材。相反，它们是物种精神的叹息……物种本身拥有无限的生命，因此能够拥有无尽的欲望，无尽的满足和无尽的苦难。但是这些都被囚禁于一个凡人狭小的胸膛中；因此，难怪这样的一个胸膛似乎随时要爆炸，无法表达满腔的无尽狂喜或痛苦。（《作》第二卷，551）

叔本华还相信，一旦物种的目标在情人间完成，他们的狂喜与妄想最终一定会消退：

被（物种精神）抛弃后，个体退回到初始的狭隘与贫乏，他惊奇地发现，经过如此高度、英勇、无尽的努力，除了性满足带来的快乐，其他方面毫无快乐可言。与期望相反，他发现自己并不比以前幸福；他注意到自己被物种意志欺骗了。（《作》第二卷，557）

当然，个体会继续感到性欲是他们自身对某一个特定的人的欲望，他们会意识到这个人的身体和精神特征。叔本华列出一个详尽的男人大概希望女人具有的特征清单（合适的年龄、健康、骨架匀称、丰满、姣好的面容——以此为序）和女人大概希望男人具有的特征清单（合适的年龄、力量、勇气）。但是，抛开这样的细节不谈，产生吸引力的所有特征都可用一种方式来解释：它们都产生于无意识的选择原则，物种意志通过这些原则发挥作用，确保下一代的特征。虽然性交的意图明明不是为了繁殖后代,叔本华仍坚定地从生命繁殖本能的角度解释主观的吸引力。甚至连同性恋现象也不能阻止他作如是观:他认为,这种广泛存在的情况一定是"以某种方式从人类本性自身生发出来的",虽然他对同性恋的解释多少有点孤注一掷的意味。他认为,很年轻和很年长的男性精液有缺陷,他们会依照本能采取非繁殖的方式排放精液,因此他们仍然会促进尽可能繁殖最佳后代的"物种意志"。

有人可能会对叔本华的另一信念感到吃惊:我们从母亲那里继承的是智性,从父亲那里继承的是意志。很少有哲学家认为智性是一种女性特质,而情感能力却是男性的。叔本华确信他的主张是有经验证据的,但他又提出一个观点,该观点表现出他的本色。意志是"真正的内在存在、核心、根本要素",而智性是"次要的、偶发的,是那个物质的意外产物"(《作》第二卷,517)。因此,就此推论,我们应该指望更强大的、更有繁殖力的这一性将意志灌输给它的后代,而母亲"不过是孕育的原则",负责的仅仅是次要的智性。此处的重点是确保女性是表面的、次要的,而男性是实质的、根本的、首要的。由父亲那里继承的是"道德本质"、"性格"、"心灵"。智性由女性产生的观点,其实是叔本华形而上的意志至上论和他认为女性一定从属于男性的相当传统的偏见相结合的产物。

叔本华歧视女性的观点集中体现于短文《论女人》(《附录与补遗》第二卷,614—626),具有极强的腐蚀性,也使他背负些许骂名。他的观点在多大程度上使他从前人和同辈人中脱颖而出,这一点是有争议的。一方面,他也许特别值得注意,因为他试图将性别差异赋予这种形而上的意义,特别重视性在人类生命中的地位;另一方面,也可以认为他实际的观点在当时是相当普遍的。毋庸置疑的是，他在该问题上的措辞非常激烈：

只有男性的智性，因为被性冲动所蒙蔽，才会将身材小、肩膀窄、屁股大、腿短的性别称为美丽的性别；因为在这种冲动中能发现它全部的美。（《附录与补遗》第二卷，619）

终其一生，女人都是长不大的孩子，总是只看到眼前最近的地方，纠缠于当下，以为外表就是真实，喜欢琐事胜于重大事务。因此，正是凭借理性，男人才不像动物那样只活在当下……由于理性较弱，理性带来的好处女人享受得比较少，理性带来的坏处女人承受得也比较少。（《附录与补遗》第二卷，615—616）

有几种美德可补偿女人理性的不足。叔本华认为女人更具人性的慈爱之心，而慈爱具有最高的道德价值；他还认为女人比男人更脚踏实地，更现实（又是智性在起作用）；但他确信女人不是很善于推理，性格浅薄。她们的兴趣是“爱、征服、衣着、化妆品、跳舞”；她们把一切都看做赢得男人欢心的手段；掩饰是女人的天性，“如同自然为狮子装备了爪子和牙齿，为大象和野猪装备了长牙，为野牛装备了尖角，为乌贼装备了染水的墨液”（《附录与补遗》第二卷，617）。女人也许有天赋，但艺术天才很明显只能是男性：“一般来说，女人现在是、将来也是彻头彻尾、不可救药的俗人。”（《附录与补遗》第二卷，620—621）偶尔，人们能瞥见小说家、社交名流、他母亲约翰娜·叔本华的肖像：

最初的母爱纯粹是**本能的**，因此它随着孩子身体的无助而终止。取而代之的应该是一种建立在习惯和推理上的爱;但通常这种爱没能出现,特别是在母亲不爱父亲的情况下……男人长期不断的辛苦工作得来的财产后来落入女人之手,女人要么傻里傻气地耗尽,要么短期内挥霍一空……女人的虚荣心……是很糟糕的,因为它一心盯在物质上……所以她们热衷于社交。(《附录与补遗》第二卷,625—626)

混杂着个人辛酸的传统的男性情感——其结果很难有什么启发性。但是,任何对叔本华哲学的解释都不应该压制这些对他十分重要的观点。

性格

我们已经知道,叔本华认为意志是我们内部最重要的因素,而智性仅仅是次要的、"偶发的"。由此可见,意志通常扮演着一种非人的角色,一种大于个体的力量,依附于人类或整个世界,在每个个体身上平等地表现出来。但是,叔本华也相信每个人都有与众不同的性格。在这一点上智性仍然是次要的。标志一个人作为个体的独立身份的真正核心,并不是智性能力和特点,也不是意识的连贯性。

我们年纪越大,我们经历的不留痕迹的事物就越多。高龄、疾病、大脑损伤、疯癫,会完全剥夺一个人的记忆,但他的个人身份并没有因此丧失。身份立足于同一意志及其无法改变的性格;也正是这一点让那一瞥的表情不可改变……我们真正的自我……其实什么都不知道,只

> 知道愿意和不愿意，满意和不满意，以及各种被称为感觉、情感和激情的事物的变体。(《作》第二卷,239)

每个人的性格在叔本华看来都是独特的,尽管由于我们都属于同一物种,区别有时会很细微。个体性格在解释和预知行动时是很重要的。行动产生于动机,但动机必须与施动者的性格联合起来。相同的客观条件被不同的人以相同的方式感知和理解,可能导致他们采取截然不同的行动。对于巨额行贿,有些人会接受,有些人会婉言谢绝,还有人会将你移交官方。叔本华认为,动机(即智性认识到的事物的外部状态)在这三种情况下有可能相同，而且智性本身可以说也在以完全相同的方式工作。但是不同的是性格。如果我们彻底了解每个人的性格,以及他们所抱的所有动机,我们就能不差分毫地预知他们的所有行动。叔本华钟爱的另一条拉丁语格言就是operari sequitur,“行动源于存在”:我们**是**什么部分地决定了我们怎么做。这一原则无异于我们借以预知受到相同影响的不同自然物的不同行为的原则:“同一动机对不同人的影响完全不同;好比阳光赐予蜡白色,让氧化银呈黑色,所以热使蜡变软,使陶土变硬。”(《论意志的自由》,50)这一性格理论对自由、责任、道德都有影响,这一点我们后面将会发现。

叔本华将性格看做一个人的“存在”,一种有别于这个人所有行动的总和的东西。行动皆源于存在,每一个行动都带有它所属的这个人的烙印。这可能使性格听起来很神秘,但叔本华向我们保证,我们只能通过经验表现在他人甚至我们自己身上来认识性格——实际上就像我们了解蜡或氧化银的特性那样。我们观察了很多行为,经过一段时间,才逐步了解一个人有多诚实，有多勇敢，有多少同情心。对我们自己也是这样：除非看到我们的行动如何进展，我们可能对自己的性格特征有很多误解。所以叔本华说性格是**经验性的**。它与我实施的系列行为不同，但只有通过观察这些行为才能被发现。

叔本华认为每个人的性格既是恒定的，又是天生的。我们既不能选择也不能改变我们所成为的那个自己。教育能使我们更好地认识世界和自我，赋予我们更好、更高尚的动机去行动，但是在这些动机驱使下行动的自我其实没有改变："在一个人的年龄、关系，甚至是知识和观念储备这个变换不居的外壳下，如同蟹隐于壳下一样，隐藏着那个同一而真正的人，他是不可改变、始终如一的。"(《论意志的自由》,51)叔本华认为，我们平常的许多态度都证实了一个观点：我们承担的不仅是一个人的身份，还有他恒定的道德性格。如果我们一直相信某人会如何行动，而结果却令人失望，"我们绝不会说：'他的性格变了'，而会说'我看错他了'"(《论意志的自由》,52)。例如，照此观点，我们不会说某人以前诚实勇敢，但是现在狡诈怯懦，而会说他们狡诈怯懦的程度至今才完全显现出来。为了进一步证明性格的恒定性，叔本华举例说，我们多年后从别人的行为方式认出他们仍没有变，而且我们对自己四十年前的所作所为依然有责任感和愧疚感。

从性格是天生的这一论断中，我们又一次发现不应该把人类与自然界其他群体区别对待。不能指望橡树结出杏子来，叔本华说。人类明显具有天生的物种特征。为什么人们如此不情愿接受个体层面存在天生的勇气、诚实或邪恶呢？叔本华的证据，虽说不够有力，引导他这样来思考：人类个体出生时并不只是一张白板，等待经验来书写才形成任何性格。在我们能够获得知识或者很好地感知世界之前，我们就是意志生物，对影响我们的事物产生积极或消极的情感反应。即便在这个阶段，人也具有一个基本核心，这个核心并不是由他或她对世界的智性理解来塑造的。

叔本华也提出了**习得性格**的概念。特别是在年幼的时候，我们可能无法正确理解我们的性格是什么。我们不知道自己真正喜欢什么，想要什么，也不知道干什么能成功。习得性格是更好的自我了解，这是一个人通过洞察自己真实恒定的性格逐步获得的——这一观点在某些方面使人想起尼采后来的观点："成为你自己。"但是，这一具有启发性的观点与叔本华的其他思想是相矛盾的。因为给人感觉是在我获得习得性格之前，我可能就开始了有悖于我真实本性的事业——这应该是不可能的，如果我天生的、不变的性格真的决定我的一切行动。

然而有时，叔本华对性格的论述甚至更叫人摸不着头脑。

> 无论我们变得多老，我们内心仍感到自己同年轻时完全一样……这种东西没有变化，总是完全保持绝对相同的状态，并不随着我们变老，它就是我们内在本质的核心，它不存在于时间之中……我们习惯于将认知的主体，也就是认知的我，看做真实的自我……但是，这只是大脑的功能，并不是我们真实的自我。真正的自我……它产生出另一种东西，当那种东西沉睡时它并不随之沉睡，当那种东西死亡消失时它仍保持着完好的状态……**性格自身**……仍与以前完全相同。独立自主的意志本身长存不息；因为唯有它不可改变，不可毁灭，不会变老，不是形而下而是形而上的，它不属于现象表现，而属于显现的物自

体。(《作》第二卷,238—239)

在此,性格究竟为何并不清楚。一方面,它是独特的,依附于作为个体的自身。另一方面,它"不存在于时间之中",它"不是形而下的而是形而上的",甚至在个体死亡,他或她的主体意识消逝之时,仍"保持着完好的状态"。坦率地说,问题在于:我的"真实自我",或者说"我内在本质的核心",是依附于我这个有限个体,还是那个完全超越时空和个体性的物自体?如果是前者,那么它就既不可能独立于时间之外,又不能不受我自身死亡的影响。如果是后者,那么它就根本不能用来解释我的个人身份。叔本华似乎跌进了一个基础性的难题之中。但是从某个方面来说,他的迷惑背后又有更为深奥的意味。因为他最终想宣称,看起来对我们如此重要的个性,不仅是痛苦的源泉,而且是某种错觉:"实际上,所有的个性归根结底只是一个特别的错误,虚妄的一步,一个最好是不应该存在的东西。"(《作》第二卷, 491—492)《作为意志和表象的世界》第三、第四卷——我们下面要谈的这部巨著的后半部分——将探索逃避个体性,逃避位于我们核心部分的意志的可能性。

第六章
艺术与理念

审美体验

审美体验这一节故意完全改变了叔本华著作的总体倾向，因为主体的意志在此避而未谈。只要我们还在运用意志，或者为意志所控制，我们在认识一个事物时就会不得不考虑它与其他事物以及与我们的一系列关系，比如：我们需要吗？我们用得上吗？它比别的好吗？它是如何变成现在这个样子的？它能作什么用？正如我们的智性是用来服务于意志的器官一样，我们用来认识客体的所有惯常关系都是受意志控制：我们感知事物是为了控制事物，为了生存。只有当我们完全停止使用意志，客体才能摆脱时、空、因、果等关系的束缚而浮现在我们的意识中。

叔本华对审美体验的认识属于一种传统，即认为审美体验就是对客体持有一种“无利害关系”的态度，因此他也常被引用作为这种观点的主要支持者之一。该观点主张，要想从美学角度体验某个事物，必须抑制或抛开所有的欲望，不去考虑会产生什么结果，满足什么需要或利益，只关注事物在感知中自我表现的方式。在叔本华看来，审美体验肯定会永远是任何人一生中最不平凡的一段经历，因为他说过意志是我们的本质，我们“考虑事物的平常方式”无不渗透着意志：

> 只要我们的意识还是为意志所充满，只要我们还是听命于种种欲望及其不断的期待和恐惧，只要我们还是意志行为的主体，我们就永远得不到持久的幸福和安宁……因此意志行为的主体永远躺在伊克希翁的旋转轮上，永远在用妲娜伊德的筛子打水，是永远解不了渴的坦塔罗斯。
>
> 但是，如果某种外来因素或内在意向突然把我们从无尽的意志行为之流中托起，将知识从意志的奴役中解救出来，我们就不再把注意力集中于意志行为的动机，而是摆脱事物与意志的关系来理解事物。于是我们考虑事物就不带利害关系，不带主观性，而是纯粹客观地考虑……于是，突然间我们在意志行为的那第一条道路上总是可望而不可即的安宁自动向我们走来，我们就满心欢喜……在那一时刻，我们从可怖的意志的压迫下解脱出来。我们暂时从意志行为的徒刑中解放出来过上安息日；伊克希翁的旋转轮停止了转动。(《作》第一卷，196)

介绍作为表象的世界的第一本书轻松而又拘谨，我们步入作为意志的世界时初识消沉，第三本《作为意志和表象的世界》则带有光明和欢快的特征，这证实了美学对作者的重要性。

叔本华深刻地阐述了美学的核心问题：“如何在不涉及我们意志行为的情况下从客体身上体会到满足和快乐。”(《附录与补遗》第二卷，415)(他对美的愉悦的看法在某些方面类似于康德在《判断力批判》中提出的观点，尽管叔本华对这种联系不

图8 叔本华：朱利叶斯·哈梅尔创作的肖像，1856年

以为然，而且他也不认为康德的美学论著是他最好的著作。）按照常理，愉悦和满足来自某种欲望或目标的实现。我们所谓的幸福通常是在我们的一个目的得到实现后感受到的，或者可能是暂时还没有新的奋斗目标。但是这种愉悦和幸福，既然它们离不开意志行为，就永远带有痛苦的可能。首先，一切意志行为皆“源于缺乏，源于不足，所以也就是源于痛苦”（《作》第一卷，196）。其次，当任何一种欲望得到满足后，意志行为的主体很快会面临新的不足。因此在意志的驱使下人只能在痛苦和满足之间摆动，而且叔本华相信，痛苦持续时间更长，而满足只是暂时回到中间状态，然后又感到缺乏。

美学的问题就在于除了这种摇摆中的愉悦，如何还可能存在其他的愉悦。如果我们把愉悦定义为补充缺乏或满足欲望，那么完全无意志的沉思状态应该就毫无快乐可言了。显然，身处这种状态的好处是不会再有痛苦的可能，叔本华对此非常清楚。然而无意志状态怎么可能让位于真正的愉悦呢？有时候，叔本华笔下也表明这似乎不可能，似乎美学沉思是一种纯知识状态，一种对客观现实的冷静记录——“我们步入了另一个世界，可以这么说，在那里任何动摇我们意志，因此也让我们深深不安的东西，不复存在……幸福与不幸都消失了”(《作》第一卷，197)。但是他同时又用“安宁”、“幸福”等字眼来描述审美体验，认为是一种特殊的快乐或愉悦。他甚至还说：当“所有痛苦的可能全部消除……这种感知的纯粹客观状态就变得能让我们感到极其快乐”(《作》第二卷，368)。我们可以把这两种不同的说法加以调和，主张通常意义上的幸福或不幸取决于意志行为，但美学上的幸福则取决于意志行为的中止。

也许有人会认为，这就足以给审美体验赋予叔本华希望赋予的价值。然而，他对“审美态度”理论的看法却非比寻常，他要将无意志的沉思状态同获取最客观的那种知识联系起来。对他而言，没有主观欲望和目的的体验对世界的歪曲程度最轻，因此他可以认为审美体验之所以重要，不仅在于这种体验逃避个人自身意志的镇静作用，还因为唯有它能呈现事物永恒的面貌。换句话说，审美体验具有很高的认知价值，而不仅仅是进入到某种心理状态所产生的使人充实的作用或治疗作用。

客观性与天才

主体通常会体验位于时空中的物质客体、客体之间的因果联系，以及在动机影响下出现的意志的身体活动。但是叔本华相信，我们可以在某些特殊时刻进入到一种不被个体所分割的永恒现实。在个体事物和个体事件范围之外存在一种理念，“理念没有复数，也不会改变”：“理念表现自身的个体不可胜数，它们不断地出现，不断地消失，而理念却始终唯一不变，充足理由律也对它毫无意义。”(《作》第一卷，169)

叔本华在他第三本书开篇就论述了柏拉图的理念以及它们与物自体之间的联系。他的观点可以归结为，艺术家，以及所有从事审美体验工作的人，都会发现理念的永恒现实，尽管这种发现转瞬即逝。因此，他应该首先向我们说明这个形而上的问题：这些理念到底是什么？他把它们称做物自体“最充分的客观现实”。这听起来有点模糊，但事实上却是一个很简单的概念。物自体不可知，但是一个可知的客体以最低限度的主观歪曲将现实呈现给主体，那就是物自体的“充分客观性”。叔本华是这样解释的：

> 柏拉图理念必然是客体，可知的对象，一种表象，正是在这一点上，也只有在这点上，它有别于物自体。它仅仅将现象的附属形式抛在一旁，而我们认为这些形式属于充足理由律；或者它还没有进入这些附属形式。但它却保留下了最初的、最普遍的形式，即一般意义上的表象形式，作为主体的客体的形式……因此，它自身就是意志或物自体的最**充分的客观性**；事实上它甚至就是物自体的全部，只不过具有表象的形式而已。这正是柏拉图和康德极为一致的基础所在，尽管严格意义上他们所说的并不是一回事。(《作》第一卷，175)

这显然有点牵强，因为理念似乎必须既用做物自体，又用做表象，而这两者一开始就应该是互不相容的两个范畴。而且，虽然叔本华认识到将康德和柏拉图对等起来“在严格意义上”是错误的，但他仍然说出这句极其含糊的话：“两人学说的内在含义完全相同。”(《作》第一卷，172)一些评论家认为理念的说法是不恰当的、草率的事后补充。然而，这种评价并不完全公平，因为叔本华的理念说早在其理论系统形成之初就已出现，他在第二卷中论述自然中意志的客观化时就曾提到。我们应该坚持这样一种观点：自然不仅包含各种各样的个体事物和事件，同样也包含它们所属的、不变的单一事物和事件。自然界不仅有很多匹马，还有**马**这个物种；不仅有水池和喷泉，还有可重复的水分子H_2O结构；不仅有很多在不同时间、不同地点落到地面的物体，还有无处不在的地心引力。叔本华把后者看做永恒的理念，把我们对它们的理解看做世界上我们所能获得的最客观的知识。叔本华同柏拉图一样，认为理念存在于现实中，不依赖主体。它们不是概念。概念是我们为了把握一般现实而完成的精神构建；而理念是有待我们发现的自然的组成部分。在叔本华看来，理念甚至不能靠概念思考来发现，只能靠感知和想象。

那理念本身的意识会是什么样的呢？叔本华的回答令人瞩目。一旦我们放弃充分理由律的指导，

> 我们考虑事物时就不再问在何处、在何时、为何、去何方，单单只问是什么……(我们)让整个意识充满对真实存在的自然物体的冷静沉思，不管是一道风景，一棵树，一块石头，一片岩石，一栋建筑，还是任何其他的什么……而人还是仅仅作为纯粹的主体存在，作为客体的

镜子而存在，就好像只有物体存在，没有人去感知它，于是我们也不能再把感知者和感知分开……这样认知的不再是个体事物本身，而是**理念**……同时，涉及这种感知的人不再是一个个体，因为在感知中个体已忘记了自身；他成了**纯粹的**、无意志的、无痛苦的、永恒的**认知主体**。(《作》第一卷，178—179)

叔本华继续说道："一下子"，这个特定的事物"成为了它那个种类的理念"，感知个体"成为了**纯粹的认知主体**"(《作》第一卷，179)。叔本华肯定是想说，我把这个特定事物看做一个普遍理念的化身，暂时失去了个体自我意识。他认为只要人还意识到自己作为个体区别于所思考的客体，就不可能认知理念["只有当我们不再意识到自己属于这个世界，我们才能纯客观地理解这个世界"(《作》第二卷，368)]——反之，一旦人的沉思将人转变为现实的"纯粹的镜子"，他就不可能不认知理念。

尽管叔本华清楚地知道自然美(看看树、石块、岩石等例子)通常会引发审美体验，但他最关注的还是艺术。就他的时代而言他很正统，因为他相信创造艺术需要天才，而天才必须与一般的才气区别开来。但是他的确对天才进行了解释。他写道，天才就是"认知能力获得了远远超出**服务意志**所需的极大的拓展"(《作》第二卷，377)。具有天才的人智性占三分之二，意志占三分之一，而"普通人"则相反。这并不是说天才缺乏意志——比如这样的人通常感情强烈，而是说他们的智性能更大程度地摆脱意志的影响，具有自主发挥作用的能力。

天才的才能就在于具有最完全的**客观性**……能够保

持在纯粹感知的状态中，在感知中忘记自我，将原本仅为服务意志而存在的知识清除掉。换句话说，天才就是能够完全不看个人偏好、个人意志行为和个人目的，并因此暂时完全抛开自身个性，从而始终做**纯粹的认知主体**，世界的明眼；并且，这也不只是短暂的，而是具有必要的延续性，经过有意识的思考，可以使我们能够通过审慎的艺术重复我们理解的事物。(《作》第一卷，185—186)

天才代表某个非人格化的事物，这在叔本华使用“世界的明眼”这一比喻时就有所暗示。天才不只是一个个体，“同时也是属于整个人类的一个纯粹的智性”(《作》第二卷，390)。天才放弃了在这个特殊个体中体现自我的意志，让智性脱离意志自由飞翔，它具有“从特殊中看出普遍”(《作》第二卷，379)的非凡才能。这是一种强化了的**感知能力**，这一点很重要。一个伟大的画家或雕刻家观察事物时总是更加深刻，更加细致，并且具备更强的能力将所看到的保留下来或进行再创造。但是仅仅感知自己身边的东西还不够，“为了愉快地完成、安置、放大、修复、保留和重复生活中一切有意义的画面，还需要**想象力**”(《作》第二卷，379)。因此，无论在哪种艺术形式中，天才都会胜过实际经验：一件伟大的艺术作品，如果它描绘的画面是经过提升的，就会更好地反映现实，与普通经验本身相比，包含的意义会更清晰、更明确。

天才真正的特长在于富有想象力的感知，而不是概念性的思考。相比之下，按照某种命题制造出来或是建立在完全理性设计上的艺术是没有生气的，毫无趣味可言。举个例子，当图片艺术变成一种象征性的寓言形式，只能通过用一个代码来辨认图象才能理解,那它在叔本华看来(《作》第一卷,239)就不是真正的艺术了。再举个例子,有些"模仿者"或"风格家",看到某个程式在其他作品中运用成功,就亦步亦趋地制造。其结果让人不快:事先的刻意总能让人察觉,他们精心合成的那些组成要素总能"被人从混合物中挑出来,分离出来"。概念,"尽管在生活中很实用,在科学中很适用、有必要、富有成效,但在艺术上却永远是贫乏的,无效的"(《作》第一卷,235)。

天才人物很稀少,因为他们在一定意义上说是不正常的。对绝大部分人而言,运用智性是为了实现个人目标,叔本华的理论就是这么预言的。智性是意志的工具,并非"旨在"进行无目的的想象工作以把握并传承永恒理念。同样,有天才的人总被看成是怪物。天才具有高度的想象力,总是游离于事物的直接联系之外,因而有点类似于疯狂。天才不会去迎合他们那个时代和地域的期望,跟仅仅是有点才能的人不同,有才的人你要他做什么,他就做什么,因而为大家所羡慕(《作》第二卷,390)。天才还总是做一些不切实际的事情,因为在很大程度上他的智性独立于追求目的的意志而起作用。(我之所以用"他的",是因为叔本华并不认可女性天才,尽管智性据说是从女性那里遗传下来的。区别大概在于女性的感知能力总是停留在表面,永远上升不到"普遍性"。)

艺术与艺术的价值

叔本华对艺术有极其深刻而丰富的认识,因而受到美学史家们的尊敬。虽然他只提出了一个美学欣赏理论,即对理念的无意志沉思,但他会欣赏多种不同形式的艺术,从建筑到不同风格的绘画,到诗歌、戏剧,最后到音乐,他认为音乐有别于其他艺术形式。他的美学并不是毫无弹性的、形而上学的铁板一块，它的核心有着鲜活的优雅和敏感。

在讨论各种艺术之前，叔本华对他的理论进行了大量的限定。他提出，每当我们经历一次审美体验，都会同时出现意志行为的主观中止和对理念王国的客观洞察。然而，他现在又承认，一个审美体验的特定对象的价值可能存在于其中任何一种情形，跟另一种几乎全然无关：

> （现实生活中的或通过艺术媒介的）美学沉思，不管是涉及无机物和植物王国中的自然美，还是涉及建筑作品，都会以纯粹的、无意志的认知享受为主导，因为这里被理解的理念只是处于意志客观化的低层次，因而不是具有深刻意义和启发性内涵的现象。另一方面，如果动物和人类是美学沉思或美学表现的对象，那美的享受则存在于对这些理念的客观理解。（《作》第一卷，212）

换句话说，审美体验的认知输入通常可能很低。这让我们不禁想到，叔本华美学中唯一统一的因素就是其令人愉悦的无意志沉思的说法，甚至我们会想，他的美学并不统一。但是，他认识到艺术既是对生活压力的释放，又是一种强化的知识形式，这一点却令人信服。

所有理念构成了一个意志客观化程度从高到低的等级。最底层是无所不在的自然力，最顶层是人类的理念。建筑这种艺术形式处理的是关于固体物质行为的最底层理念，如重力、内聚力、刚性和硬度（《作》第一卷，214）。建筑物也必须实用，因此它们成为纯艺术的可能性是（或应当是）有限的。作为艺术的建筑的真正核心就是重力与刚性之间的矛盾。一栋好的建筑物其任何一部分都在向观察者展示这个矛盾，因而它是必要的，不是任意的：仅具有装饰性的因素属于雕塑，不属于建筑本身。同时，建筑用的是什么材料也很重要。一座大厦如果发现是由木材或浮石建造的，那就是弄虚作假，因为用没有石头那么牢固的材料建房将不适宜体现重力和刚性的理念。我们必须能在感知中体会到砖块正奋力落向地面，而砖块的刚性又奋力阻止这种下落。除此以外什么都无关经紧要——仅具外形美并非特殊的建筑特征。其他唯一一个为叔本华所认可的建筑因素是光线。建筑物的光线能更清楚地显现其基本结构，而这个结构，通过拦截和反射光线，"会以最纯粹、最清晰的方式展现出（光的）本性和特征，给观看者带来极大的快乐"（《作》第一卷，216）。与建筑类似的是对"水的艺术处理"（《作》第一卷，217），但这门艺术不够发达，原因很简单，它不像建房那么实用。如果说建筑能体现刚性和内聚力的理念，那么建造喷泉、瀑布和湖泊则体现了流动性、活动性和透明性的理念。

园艺和景观设计是植物领域相似的两门艺术，尽管叔本华觉得这里更多地是大自然而非艺术在起作用。只有在画中描绘植物才能产生艺术。我们以一种审美的态度欣赏一幅全部以植物或非动物为主题的风景画时，"审美愉悦的主观方面占主导"，这种愉悦仅仅停留在纯粹的、无意志的认知中，而不是对理念的理解中（《作》第一卷，218）。但当绘画和雕刻的主题是动物，甚至是人类的时候，它们就会更关注对理念的客观描述。叔本华认为，直接面对一个人或动物与面对一件艺术作品两者没有太大区别——但有一点，天才的才能让艺术带给我们比自然所实际赋予的更伟大的美的典范：天才"将形式美印刻在坚硬的大理石上——这一点大自然经过千百次尝试也未能做到，然后，他把大理石放在她面前，好像在感叹说：‘这就是你想要说的吧！’”（《作》第一卷，222）。

对于描绘出来的动物——对于动物本身亦然——最美的个体是最具该种类特征的个体（《作》第一卷，220）——例如狮子，我们最能从狮子身上看出**狮子**所体现的普遍理念。这里，我们享受的不是无意志沉思带来的安宁，更多的则是逐步认识了在绘画或雕塑中看到的动物："我们陷于被描绘出来的意志的不安和躁动之中。"（《作》第一卷，219）对于人类也是如此，最美的个体是最具人类特性的个体。但还要考虑个人的性格和表情：一幅画像必须体现人类的普遍理念，同时也必须传达模特儿的特殊性格。这岂不有悖于叔本华所持的艺术就是表达理念的观点？一件艺术品的的魅力不应该是表达一种具有特殊性甚至任意性的东西吗？叔本华试图维护他理论的统一性，他主张："每个人都在一定程度上展现一种理念，这种理念完全体现了这个人的特征。"（《作》第一卷，224）但是如果理解一种理念并不等同于理解一个永恒的、普遍的、对许多个体具有潜在共同性的东西，那我们该如何理解理念这个概念也必定不甚了了。

很多绘画作品描绘的场景或是出自历史，或是出自某个特别的神话或圣经故事。但同样，叔本华强调说，这些画作的艺术价值在于它们在多大程度上表达了人类具有普遍性的东西。具体的历史环境无关紧要："无论是部长们对着地图争论国家、民族大事，还是啤酒店里一群粗人为打牌、掷骰子拌嘴，都不影响画作的内在意义。"（《作》第一卷，231）叔本华喜欢拿艺术和历史对比。他态度很专横，经常找机会跟黑格尔的历史观唱反调。在他看来，人类的本质核心总是不变的，不会因为地域的变化或时间的变迁而改变。由此，他提出了一个令人震惊的说法："各个民族的历史篇章实际上只是名称和日期有区别；真正本质性的内容任何地方都是一样。"(《作》第二卷,442)他主张,历史不过是配合事实反映人类不断变化的表面,永远不会超出这个范围。与之相对的话语形式是诗歌:"尽管听起来会有点矛盾,但更真实的、更纯粹的、更内在的真理只能求诸诗歌,不能求诸历史。"(《作》第一卷,245)而"真正的内在真理"应该是不变事物的真理,也就是人类的理念。

诗歌作为一种艺术形式，能够表达世界上任何事物的理念，它在描绘人类的各种性格和行为时占有至高无上的地位。同样,叔本华还很小心地将概念(由主体形成的抽象表象)与理念(能够在直接体验中获得,是自然本身结构的一部分)区别开来。诗人的任务便是运用诗歌同其他语言实际共有的概念手段,以达到向读者心灵揭示理念的独特目的。正是这一点使诗歌成为语言的一种艺术运用,成为天才的领地——因为作家除非首先有足够的客观性来感知理念,否则他或她就不可能清楚地把理念描述给读者。诗歌可被称为"通过词语发挥想象力的艺术"(《作》第二卷,424)。它同视觉艺术的区别不仅在于对语言的使用,更在于它对接受者的想象力有很高的要求。叔本华还对不同种类、不同风格的诗歌,如抒情诗、叙事诗、悲剧诗、浪漫诗以及(他最喜欢的)古典诗讲过很多有意思的话。有时候，诗人在自己身上发现了人类理念的材料，结果就创造出抒情诗。处在与之相反的另一端的是戏剧;在戏剧中,作家用客观的眼光描述人类。

叔本华特别关注悲剧，认为悲剧是"诗歌艺术的顶峰"(《作》第一卷,252)。虽然并不是他一个人认为悲剧是最高的艺术形式，但他认为悲剧特别重要，因为唯有悲剧能够描绘出最真实人类生活的画面，包括恰到好处地表现得不到满足的欲望、冲突以及十足的痛苦："意志和它自己的对抗在这里以最高度的客观性得以最完全地展现出来。"(《作》第一卷，253)但是看到人类理念以可怖的真相揭示出来还不是最终的结果。叔本华要求我们还能理解人类最终的成就(他之后还会论证)，即放弃自我，对抗生命意志："我们在悲剧中看到最高尚的人们，在经历长期的矛盾和痛苦之后，最终永远地抛弃了生活的一切乐趣和一直以来热切追求的目标，或者高兴地自愿放弃了生活本身。"(《作》第一卷，253)

看到悲剧中描绘的痛苦和放弃，我们自己在某种程度上也通过痛苦学到一些东西。最好的悲剧在叔本华看来(当然很多著名的悲剧都被排除在外)应该是这样的：主人公没有犯任何特别严重的错误，一场灾难却突然降临在他几乎很普通的生活中。这种悲剧"向我们展示了摧毁幸福和生命的强大力量，而且发生在主人公身上的悲剧也可能随时降临在我们头上……于是，一阵颤栗中，我们感觉自己已身在地狱了"(《作》第一卷，255)。那么，在这种恐惧中，在这种意志的不安中是否还存在纯粹的审美愉悦呢？叔本华的回答令人不禁想起康德对崇高的看法。康德认为，从目前安全的有利角度思考某件具有潜在破坏性的事，会让人产生一种愉快的高尚感。然而，叔本华对此提出了自己的理解。他说，我们为悲剧中描绘的痛苦和悲惨战栗之后，获得的是一种放弃所有意志行为的安详，这种安详在人生所能达到的最高地带向我们召唤。"赋予一切悲剧事件以崇高的特征倾向的是人们开始醒悟，原来世界和生活不能给予我们真正的满足，因此不值得我们留恋。"(《作》第二卷，433—434)

音乐

叔本华关于音乐的哲学理论是与他的其他艺术理论分开的，并在音乐界和美学界具有某种独特的生命力。他的音乐理论依然是音乐能够表达情感这类理论中最引人注意的一种，即便像所有尝试解释这一现象的理论一样，他的理论最终也不能令人信服。叔本华认为音乐是“意志本身的复制品”(《作》第一卷，257)。其他所有艺术形式展现给我们的理念是可体验到的意志的表现，而音乐则越过这些理念，“它是整个**意志**的**直接**客体化和复制品，就像世界本身一样”。意志同时体现为包含具体现象的整个世界和这些现象所属的普遍种类；它还重新将自己表现为音乐。叔本华的观点分为两部分：一是试图从我们熟悉的、自身的感情和奋斗状态来解释音乐的意义，一是对自然中的大量现象和音乐包含的不同因素进行大规模的类比。

下面就是叔本华关于音乐和有意识奋斗的观点：

> 人的本质在于他的意志会奋斗，得到满足，然后又重新奋斗，如此循环往复；事实上人的幸福和快乐只存在于从欲望的产生转变为欲望的满足，再从满足转变为新的欲望的产生……因此，与之相对应，乐曲的本质就是以千种方式不断地对基调的偏离和变异……乐曲可以表达很多不同形式的意志的努力，还有最终再次发现一个和谐的间歇以及进一步发现基调而感到的满足。(《作》第一卷，260)

叔本华认为，我们如果将音调随着时间的变化进程同自己内在的奋斗进程进行类比的话，马上就能理解这是怎么回事

了。他举了很多例子,请看下面这些:

> 就像从期望到满足,再到新的期望,这中间的迅速过渡给人带来快乐和幸福一样,没有很大变异的快速乐曲会给人欢快的感觉。缓慢的乐曲因奏响令人痛苦的不谐的音调,并只是通过很多小节绕回到主音上,因而听起来很忧伤,仿佛人们的愿望迟迟得不到满足,经过千辛万苦才得以满足……**柔板**讲述的是一次伟大而高尚的奋斗中的痛苦,这种奋斗蔑视一切微不足道的快乐。(《作》第一卷,260—261)
>
> 在这里**延留音**的效果同样值得考虑。这是一种延缓最终协和音的不协和音,人们必然会等待最终协和音的出现;这样对协和音的渴望就增强了,它的出现就带来更大的满足感。这显然就好比是意志的满足经过拖延变得更加强烈。(《作》第二卷,455—456)

很多人会发现这些理念在瓦格纳《特里斯坦与伊索尔德》的创作中反映得尤为明显。

有一种很流行的偏见,认为音乐表达的是作曲家或演奏家的情感。这显然不是叔本华的看法。音乐在他看来具有特殊功能,可以表达一种可称为非个人情感的东西:

> 音乐不是表达这种或那种具体的、确定的愉悦,这种或那种悲痛、痛苦、哀伤、恐惧、狂欢、欢乐或是心境的平和,而是欢乐、痛苦、哀伤、恐惧、狂欢、欢乐、心境的平和**本身**,从某种程度上说,以抽象的方式,表达它们根本的

图9 美因河畔法兰克福叔本华档案馆收藏的叔本华的长笛及其他物品

本质，不带任何附属物，对它们也不存在什么动机。（《作》第一卷，261）

如果一个人在生活中经历了某种特别的快乐或悲伤，通常在这情感背后会有某种“动机”的推动或者某种表象的存在。情感往往与某个东西有关。但叔本华提出，我们可以直接地、无须任何概念就在音乐中把握欢乐感或悲伤感的基本形式，或者不妨说是没有内容的形式——没有任何关于这种情感是什么的表象。因此听者能感受到的仅仅是意志的消长，奋斗与满足的更迭，他们的生活就是如此，不含任何欲念，体验不到他们自己的情感，因而也不会体味到痛苦。这种说法很吸引人，但是我们可能要问，这真的能抓住情感的本质特征，还是仅仅解释了听者应该如何去理解情感。

叔本华关于音乐还有一个核心思想，即世界上意志表达的范围有多大，音乐所及的范围就有多大。低音就像是意志客体化的最底层次——“无机的自然，整个行星”（《作》第一卷，258）。高音则相当于“意志客体化的最高层次——有智性的生命和人的努力”（《作》第一卷，259）。而处于两者之间的所有部分，以及它们之间的间隙，便是意志从无机世界到植物王国再到动物王国的不同体现。因此，音乐不仅是有意识的人类奋斗的一种体现，同时也是丰富多彩的意志的复写，因此是整个现象世界的重现。这种说法虽然奇异，却相当美妙。不管叔本华的音乐观点是否真正被认同，我们都可以理解它为何常常能吸引很多音乐家。还没有其他哲学家把音乐放在如此重要的位置，而用纯言语的形式唤起音乐带给人的愉悦，这种办不到的事他几乎办到了，能超过他的寥寥无几。

第七章

伦理学：正确看待世界

反对康德的伦理学

在叔本华看来，伦理学与美学这两个领域有着相似性：规定性法则以及一般的概念性思想都不是本质的东西：

> 美德跟天才一样几乎是不可教的；事实上，概念对于它如同对于艺术一样是无效的，都只能用做工具。因此，如果我们指望我们的道德体系和伦理学能够创造出有德行的、高尚的和神圣的人，这个与指望我们的美学能够产生出诗人、画家和音乐家一样，都是愚蠢的想法。（《作》第一卷，271）

这意味着人们要么具备本能的伦理洞察力，要么不具备这种能力；我们知道叔本华认为一个人的基本性格是无法改变的。既然如此，道德规范就仅在引导和约束人们的行为方面有用：你可以训导一个自私自利的人，以减少他或她的行为的灾难性后果，却不能把他或她变成一个好人。由于叔本华秉持这种观点，他的哲学伦理学本身就不会是规定性的。这样的伦理学也不会试图争辩道德律是否具有普遍约束力，或考虑人们为何必须服从它们，也根本不会提出有关“道德律”的理论。

叔本华的伦理学理论与他的知识理论或美学一样，并非完全处于康德的阴影之下，但阴影却始终存在。康德的伦理学是关于义务的伦理学，它试图为具有完美理性的个体制订一套必须服从的行为准则。与之相反，叔本华的伦理学是关于同情的伦理学。它试图用个体在对待彼此的态度以及对待整个世界的态度上的分歧来解释善与恶的区别。对叔本华而言，道德无关义务或“应该”；也不能建立在理性基础上。用维特根斯坦晚期的话来说，它是有关“正确看待世界”的问题。但是为了证明这种观点，叔本华首先必须和康德进行一番较详细的辩论。

在《论道德的基础》一文中，叔本华对康德伦理学作了简明而雄辩的讨论，提出了许多异议，主要的一条是康德关于“你应该”的行为准则是一个伪装下的神学概念。康德在这里所使用的语言具有圣经的意味，对无神论者叔本华来说，绝对命令本身要么偷偷利用了可以发号施令的绝对存在物这个假设，要么毫无根据。当康德后来试图说明伦理学为何需要引入上帝的概念时，叔本华想起了一个魔术师，他从帽子里变出一样他早就藏在里面的东西，却让我们大为惊讶（《论道德的基础》，57）。另一方面，如果没有上帝，我们首先就不应该轻信绝对的、普遍的行为准则这个概念。

康德的行为准则所针对的究竟是谁呢？不是人本身，而是“一切有理性的生物”。叔本华又严厉批评道：

> 我们知道**理智**是人类特有的属性，且绝无权利认为它存在于人类之外，无权建立一个与其唯一物种“人”相

异的、名为“理性存在物”的属。我们更无理由为这些想象的**理性存在物抽象地**制定法则……我们不禁要怀疑，康德为了说服读者，在此想到了那些可爱的小天使，或至少寄望于他们的存在。(《论道德的基础》,63—64)

康德的道德律令只能抽象地施于理性存在物，因为他的伦理学原本就是非经验的，且完全基于先验的原则，即可先于经验获知的原则。但在叔本华看来，这一点本身应该受到质疑。实用道德——决策和判断——与占据经验世界的人类个体的实际行为有关。这也应该成为叔本华称之为“道德”的理论探讨的焦点。他指责康德的道德准则相比之下是徒有形式，故没有任何“真正的实质内容”(《论道德的基础》,76)。

那么像康德那样诉诸理性又如何呢？叔本华指出，理性的行为并不一定就是道德上的善行：“事实上，合理的与邪恶的彼此相当协调，只有通过二者的结合才能产生重大而影响深远的犯罪。”(《论道德的基础》,83)换言之，如果一个人是邪恶的，那么理性将不会使他**少一分**邪恶；理性反而可能使他变成一个比脑子混乱的邪恶者效率更高、更加危险的恶魔。理智是工具性的，与人们为达成某一目的而采取的手段有关。因此，一条律令将驱使一个理性存在物采取行动，只要他或她有某种利益或目的可图。既然**人**这一存在物是物质的、奋斗的个体，表现出生命的意志，那么他们的目的就倾向于自私自利。利己主义是兑现任何正式律令所需的“出纳员”(《论道德的谱系》,89)：在某个具体情形下理性地驱使我采取行动的将是能否实现**我的**个人目的的考虑。

最后还有一个批评也许值得一提。叔本华被康德有关“人

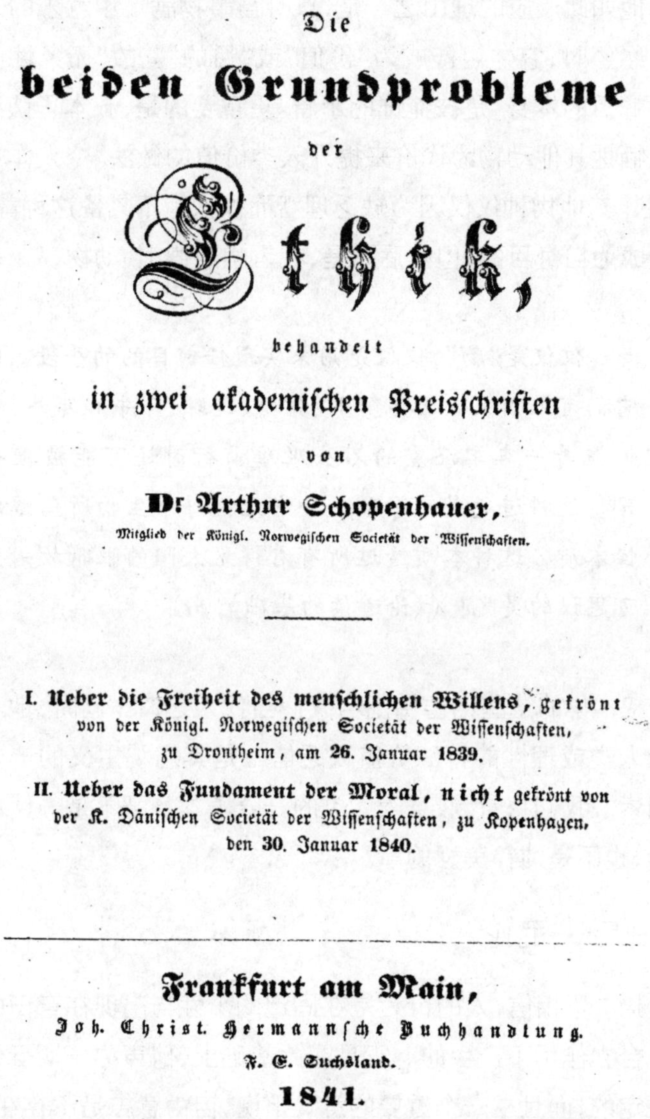
Die

beiden Grundprobleme

der

Ethik,

behandelt

in zwei akademischen Preisschriften

von

Dr. Arthur Schopenhauer,

Mitglied der Königl. Norwegischen Societät der Wissenschaften.

I. Ueber die Freiheit des menschlichen Willens, gekrönt von der Königl. Norwegischen Societät der Wissenschaften, zu Drontheim, am 26. Januar 1839.

II. Ueber das Fundament der Moral, nicht gekrönt von der K. Dänischen Societät der Wissenschaften, zu Kopenhagen, den 30. Januar 1840.

Frankfurt am Main,

Joh. Christ. Hermannsche Buchhandlung.

F. E. Suchsland.

1841.

图10《伦理学的两个基本问题》书名页

的尊严"的观点——我们所谓的"无条件的无与伦比的价值"——以及人类必须被当做"目的本身"来对待的观点所触怒。他如此反应的理由之一是,只有当事物满足了意志的某个具体愿望时,它才可能成为"价值"或"目的"。故"无条件的价值"和"目的本身"是被掩饰的矛盾。更重要的是,叔本华认为这种以牺牲其他动物为代价来提升人类价值的做法"令人作呕和憎恶"。其他物种仅仅因为缺乏理智而被认为不具备这种尊严,不能成为自身目的;但其后果是,在哲学道德上,动物

> 仅仅是"物",仅仅是用来实现任何目的的手段。因而它们可以用来做活体解剖、狩猎、追踪、斗牛和赛马,当它们拖着一车车沉重的石头艰难前行时还可能被鞭挞而死。这种道德是可耻的……它无视每个生物所蕴藏的永恒本质,这种本质透过所有看得见太阳的眼睛放射出不可思议的灵光!(《论道德的基础》,96)

叔本华的这些话仿佛出自我们当代人之口。同时,他对附加给人类或理性的特殊价值缺乏信心是其悲观主义的一个重要因素。我们将看到,身为人类的一分子本身既不是一件尊贵的事,也不是纯粹美好的事。

自由与决定论

叔本华相信,人的行为是在固定的个性与出现在意识中的动机合力作用下产生的。正是在此基础上,他声称一切行为都是注定的,而且从一个重要的意义上说,自由意志是不存在的。但是他对此问题的讨论,特别是在《论意志的自由》一文中的集

中论述，具有相当的微妙性。除了为决定论辩护，他还对"自由"的不同含义作了一个重要的区分，最后他提出这样的观点：决定论的真实性并没有减少人们对自身行为的责任感——对此他明智地表示仍需要给出解释。

叔本华揭露了一个往往被忽视的问题：意志自由与行动自由之间的区别。行动自由是人们想要做某事而去做它的能力，这种自由可以通过外部阻力、限制性因素、法律或可能导致各种后果的预兆，或者通过损害主体的认知功能来予以剥夺。比如，坐牢、被武力胁迫或遭受脑部损伤都是可能妨碍人们去做他们想要做之事的原因。由此，叔本华列出了行动自由的三种类别：身体自由、道德自由和思想自由。可是，更深层的问题在于，我是否有**想要**采取这样或那样行动的自由。叔本华得出的答案直截了当，令人钦佩，它源自对仅有的两个证据的考察：我们对自身的意识和对自身以外的事物的意识。

我们对自身的意识无法告诉我们除了已经发生的意志行为，我们原本是否还有其他的可能性。在自我意识中，通过意识到我们的行动本身以及导致该行动的动机，我们明白我们在做自己想要做的事情。但我一旦选择了某一个行动方案，比如去法兰克福，我能否说我当初**本可以**同样选择去曼海姆呢？问题在于：

> 每个人的自我意识非常清楚地断言他能够做他意欲做的事情。但既然我们能够想象他发出完全相反的行为意愿，那么就可以推断如果他发出此意愿，则他也可以**做**相反的行为。外行人将此与人们在特定情形下亦能**发出**相反**意愿**的观点混为一谈，并称之为意志自由……但人

们在特定情形下能否既发出此意愿又发出彼意愿……对这个问题需要作更深入的考察，不是仅凭自我意识就能决定的。(《论意志的自由》,23)

问题不在于一个人能否想要或希望作出两个相反行动中的每一个,而是人们能否有此意愿——对叔本华而言,(倘无阻碍)发出意愿就是行动。我去了法兰克福,而且我很清楚假如当初我的意愿是去曼海姆,那么我是能够这么做的。问题是:它当初可能成为我的意愿吗?叔本华的明智回答是,通过审视我对自己行为与动机的了解,我无法得出确定的答案。

在另一方面,如果人们考虑外部世界与发出意愿的主体之间的因果关系,人们注定会以处理任何其他因果关系的方式来处理这一情况。我不能唯独把自己看做不受充足理由律支配的世界一分子;所以,假如导致我去法兰克福的情势被原原本本地重复,它只会导致我去法兰克福。尽管这其中的部分原因是一个理性思考的过程,但对结果没有影响。叔本华认为,如果我的性格和动机——我对现实的表征——保持不变,那么我就不可能发出别的意愿。在此意义上,没有自由意志。我们以为我们拥有自由意志,但我们所拥有的只是实施我们意愿的自由,二者很容易被混淆。

这一论证已经颇有说服力,但叔本华还有更绝妙的论证方式,体现了他作为一个哲学作家的独特技巧。他说,设想一个人晚上六点站在街头,沉思下面的问题:“一天的工作结束了。我现在可以去散步,或去俱乐部;我也可以爬到塔上去观赏日落”——等等——“我还可以跑出大门,进入广阔的世界,一去不返。这一切均严格地取决于我,对此我有完全的自由。可是这些事情我现在一件都不想做,以同样自由的意志我决定回家和妻子团聚。”叔本华有何评论呢?

> 这恰似水对自己说:“我可以制造波浪(是的!在遭遇风暴的大海中),我可以冲下山坡(是的!在河床里)。”我可以往下俯冲、冒泡、喷涌(是的!在瀑布中),我可以变成一股水柱自由地升腾(是的!在喷泉中),最后,我还可以沸腾而蒸发(是的!在一定的温度下);但这些事情我现在一件也没做,而是自愿地做清澈如镜的池塘中一汪安静而清澈的水。(《论意志的自由》,43)

然而,在陈述了决定论的理由之后,叔本华保留其“更高视角”的权利。“因为意识的另一个方面我至今还完全没有涉及,”他说,“这就是对我们所作所为的**责任感**,对我们的行为有所交代的感觉;这种感觉明白无误、确定无疑,它基于我们自己是我们行为的实施者这一不可动摇的确定性之上。”(《论意志的自由》,93—94)正如一些哲学家最近所言,决定论的真实性并没有消除这种“确定感”,即我们对自己的行为负有责任,这些行为在某种意义上“取决于我们”。

叔本华现在转向康德伦理学中的一个区别,即一个人的经验性格与其智思性格之间的区别,“这个伟大的思想家或人类有史以来所提出的最美丽而深刻的观念之一”(《论意志的自由》,96)。这是我们一直讨论的表象与物自体之间的核心区别的另一方面。

> 经验性格,比如完整的人,只是作为经验客体的一个

> 表象，因而注定表现为一切表象所具有的形式——时间，空间和因果关系——并受其规律支配。另一方面，这一切表象的条件和基础……是他的智思性格，即他作为物自体的意志。自由，甚至可以肯定地说绝对自由，即不受因果律支配（仅作为表象的一种形式）的自由，正是属于这种性质的意志。（《论意志的自由》，97）

其基本观点相当简单：如果我作为经验现实的一部分无法逃脱因果必然性，那么我的一个超越经验现实的方面则可以逃脱。叔本华指出，当我们追究某人的责任时，我们责备他或她的性格，或他或她的**本性**，其行为仅被用做证据。他暗示我必须为我的本性负责——该本性即表象背后的智思性格，我的一切行为的源头。自由并没有被消灭，而是被从经验王国抽离了。

这里叔本华面临一些严重的问题。一个是，以他自己的观点，我的性格是天生的、不变的。那么在何种意义上我能为我的本性负责呢？另一个问题是**我**似乎从自在世界消失了。物自体并非分裂为个体——这是贯穿叔本华全部哲学的一个至关重要的论断。“作为物自体的**我的**意志”，我的智思性格，不应与完整的世界分离；因此很难理解我如何能为“我的自在本性”负责。叔本华说，我们的确认为一个人应对其行为负责，无论他在事件的因果链中处于什么位置，我们都把这个人看做行为的真正起因。这些话没有错，但是，尽管叔本华的解决方案或许是对自由意志问题的一个敏锐审察，该方案并不真正令人信服。

自私与怜悯

那么在叔本华看来，道德的真正基础是什么？可以分三个阶段来解答。一个与他所声称的一切道德行为所符合的单一原则有关,即“不伤害人;相反,尽可能多地帮助每个人”(他是用拉丁文表达的)。解答的第二个阶段是尝试解释能够激励人们实施道德行为的基本心理态度,即怜悯或同情。然而,道德的基础直到第三个阶段才能最终揭示,此时我们看到关于怜悯心何以成为可能而且合理的一个形而上的论述。

“不害人”原则可以分解为两个部分:“不伤害他人”和“尽可能多地帮助每个人”。叔本华把符合第一部分的行为称为自愿公正的例子,而符合第二部分的行为则属于无私心的慈善之举,或对其他人类的“慈爱”[也可能包括动物:沿袭其早先对康德的指责,叔本华援引了我们对动物**的确**有同情心的事实(《论道德的基础》,175—178)]。除了纯粹公正或慈善之举,没有什么行为可以算得上具有真正的道德价值(《论道德的基础》,138—139)。叔本华认定的一个前提是:这样的行为,无论多么罕见和令人惊讶,均被承认确有其事,且被普遍视为是善的。此类事例不胜枚举:从战斗中的自我牺牲到归还本可据为己有而无严重后果的失物,或明知无利可图而去救济乞丐。公正和慈善均源于怜悯,后者要么表现为对改善他人福祉的纯粹关心,或表现为对他人苦难的纯粹悲伤。

在叔本华看来,每一个人在其性格中都有一些怜悯心的成分(《论道德的基础》,192),但是我们天生的怜悯心在比例上却有很大的差异。有的人大慈大悲,有的人却几乎毫无怜悯之心。叔本华认为只有发自怜悯心的行为才具有道德价值,且我们是从本性上判断一个人的善恶,仅以其行为作为证据。如果在这些问题上我们都顺从他的观点,我们将不得不承认有些人比其他人善得多,而有的人虽然偶尔也许会有发自怜悯心之举,却是不善的。无论这是否成为一个难题，与另一个难题相比，它都显得不那么重要了：如何用他的观点解释怜悯心产生的缘由，以及它如何能够激发人们实施善举。

如果每个人的心理结构中都有一部分怜悯的成分，那么余下的还有什么？叔本华的全部解答如下：

> 人的三种基本的伦理动机——自私、恶意和怜悯在每个人身上以不同的、大相径庭的比例存在。动机将根据这些比例作用于人并导致其行为。（《论道德的基础》，192）

叔本华用一个简洁明了的解释来帮助我们理解这三种动机。怜悯是寻求他人福祉（或减轻其痛苦）的动机。恶意是寻求他人痛苦的动机；自私是寻求自己福祉的动机。也许我们会问，这个三分法的逻辑是否完全正确：难道恶意事实上不是一种自我满足、一种自私吗？按叔本华的辩解，回答一定是至少有的恶意不是自私的。我们可以归之于残酷的行为很多是出自这样或那样的利己私欲：它于是成了实现自私目的的手段。但叔本华所指的纯粹恶意是与纯粹慈善一样特殊的东西，即堕落的或"恶魔般的"行为，此时的行为实施者不顾自己的福祉，仅仅为了伤害他人（《论道德的基础》，136）——可称之为无私心的恶意。因而自私、恶意和怜悯这个三分法是一个真正的三分法，虽然很多残酷和邪恶的行为并非源自恶意本身。

然而怜悯必须对付的最大对手却是自私的动机，因为构成每个人主体部分的正是自私："人类和动物的主要和基本动机一样，都是**自私**，即对生存和福祉的渴求。"（《论道德的基础》，131）每个个体都是一个物质的有机体，里面流淌着生命意志：

因此为自己的目的奋斗对每个个体而言是必需的。的确，按照叔本华的理论，它是如此地必需，以至于人们一定会问，怜悯之举从何而来呢？如果行为始终是个体朝着自己某个目的的一种身体上的努力，那么据称是唯一真正的道德动机的怜悯，应该永远不会驱使个体采取行动。自私是“巨大”而“自然的”：

> 每个个体，在一个浩瀚无垠的世界中渺小得几乎为零，却让自己成为世界的中心，把自己的生存与福祉置于高于一切的优先位置。事实上，从自然的角度看，他准备为此牺牲一切；为了让他自己这沧海一粟活得稍长一点点，他愿意毁灭世界。这种倾向就是自私，它对于自然中的一切事物而言都是必不可少的。（《作》第一卷，332）

自私如此高高地“凌驾于世界之上”（《论道德的基础》，132），以至于如果没有国家机器所代表的法律的制约，则个人将会卷入一场所有人之间的战争（《论道德的基础》，133）。这一切意味着以他人福祉为动机的行为应该不仅少之又少，而且因其与我们的天性相左而不可能。叔本华不得不承认怜悯是伦理学的一个不解之谜。他唯一能说的就是怜悯是一种原始的反自私的特征，它作为纯粹的事实存在于我们身上。但怜悯何以能“居住于人性之中”（《论道德的基础》，149）却是一个深深的谜，因为人是对生命意志的天然自私的表达。

道德的形而上学

然而，叔本华伦理学的最后阶段寻求把怜悯心置于形而上的基础上。怜悯归根结底是一种自我观和现实观，它与自私所隐含的自我观和现实观不同，并高于后者。故叔本华可以说，怜悯是一样好东西，不仅因为它倾向于减少世界上的苦难，还因为它体现了一个更真实的形而上图景。

最初的想法是，只有“当我在某种程度上将自己认同为另一个人，从而暂时消除我与非我之间的障碍”（《论道德的基础》，166）时，我才可能感到怜悯。叔本华严格按字面意义理解“怜悯”或“同情”（德语为Mitleid）的含义：一个人与他人“感同身受”。为自己谋利的想法必须让位于为他人谋利的动机；除非我能够把他人的痛苦和福祉当做我自己的切身关怀，否则就无法解释这种事如何能够发生。只有当我分享你的痛苦，在某种意义上把它当做我自己的痛苦来感受，你的福祉，或减轻你的痛苦，才能成为我的动机。叔本华说，要想有怜悯心，一个人必须“比一般人更少地区分自我和他者”（《论道德的基础》，204）。

但是现在他可以辩称，具有怜悯心的人持有一种不同的形而上观点：

> 坏人到处都感觉自己和自己之外的一切事物之间有一堵厚厚的隔离墙。世界对他来说是一个**绝对的非我**，他与它的关系本质上是敌对的……另一方面，好人生活在一个与他自己的真实存在同质的外部世界。对他来说别人不是非我，而是“我的重现”。因此他与每个人的基本关系是友好的；他觉得自己与一切存在物紧密相连，对他们的祸福有着切身关注，并且自信地对他们倾注一样的同情。（《论道德的基础》，211）

何为正确的世界观？表象/物自体的二分法将告诉我们。从受时空这一个性化原则支配的表象世界的观点来看，现实是由不同的个体组成的，任何道德行为实施者都是这种个体。所以认为“每个个体都是一个与其他人极不相同的存在物……其他一切均是非我、异我”(《论道德的基础》，210)的人对表象世界的看法是正确的。但在此之下还有一个作为物自体的世界，它并非分裂为个体，而是**世界本身**——无论其根本性质如何。所以大概更深刻的观点是把个性化视为“纯粹现象”而非归根结底乃现实的一部分。按照这种观点，没有人与世界上任何其他事物有别，所以能“在**他人**身上看到自己，看到他自己的真实的内在本质”(《论道德的基础》，209)。叔本华的印度思想突然凸显出来：世界由不同的个体组成这一观念乃是Mâyâ，“即幻觉、欺骗、幻影、妄想”(《论道德的基础》，209)，而对更深层、更正确、非个性化观点的熟知在梵语中的表达是tat tvam asi：这就是你(《论道德的基础》，210)。

乍看这个观点很极端，以至于把怜悯的可能性彻底排除了。假如我真的相信你与我没有区别，那么我看待你的态度只能是一种奇特的自私。另一方面，真正的怜悯一定是以相信差别这个最低条件作为前提的。一个更形象的反对意见是，假如自在世界没有个体差异，那么它甚至都不会包含**我**：它肯定不包含我这个有血有肉、有意志的人，也不包含我从主观视角所认同的那个有思想的“我”。很难理解，那种认为包括我在内的一切个体都是虚幻的信念怎能支撑我这个个体与我施舍的乞丐之间的怜悯心。

但这个回应也许过于简单化。叔本华所认可的是一种对待世界的可能态度，它不认为作为特殊个体的人的存在具有头等重要性：一种与具体立场相对的“普适立场”(《作》第二卷，

599—600)。如要采纳这一立场,人们不必完全抛弃对不同个体的信念。怜悯被认为能够驱使一个人对其他个体作出他作为个体必须实施的行为。可能为这种行为提供基础的是这样一个观念,即虽然个体各不相同,但我这个个体没有什么根本重要性。如果乞丐和我都是同一基本现实的相等的分子,同一生命意志的相等的表现形式,那么从世界整体的视角来看,我的目标是否获得推进、乞丐的目标是否遭到挫败,或者反过来,都无关紧要了。这种思想似乎真正能够为一种怜悯世界观提供基础。在此起作用的不是这样的信念:我不是一个有别于其他现实的个体;而是:虽然我是世界上的一个独特(且天然自私的)事物,但我的视角却不必始终与我这个个体相一致。如叔本华在对审美经验的阐述中所示,我无须接受个性这一天然立场作为我看待事物时必须始终坚持的立场。在下一章我们将会看到,对叔本华而言,个体对其个性的放弃不仅使审美价值和道德价值成为可能,而且是使他或她的存在获得酬报的唯一态度。

第八章
存在和悲观主义

不可消除的苦难

意志从无意识的夜晚醒来，发现自己这个个体置身于一个无边无际的世界，周围还存在无数其他个体，全都在奋斗、受苦、犯错误。仿佛是做了一场恶梦，它匆匆地返回到原来的无意识状态。然而在此之前它的欲望还数不胜数，要求也无穷无尽，每个欲望一旦满足，新的欲望又产生了。世间没有哪种满足感足以平息意志的渴望，可以为意志的需要设定一个终极目标，可以填满意志内心的无底洞。在这一点上，让我们思考一个问题：人在获得任何一种满足的时候通常会出现什么？常常不过是维持本身的存在而已。要生存就必须每天不懈地努力，不断地操心，与苦难和需要作斗争，而人终有一死。生活中的一切都表明，尘世的幸福注定会受到挫败，或者被认为是一种幻觉。这样说，其根据可以到事物本质的深处去寻找。(《作》第二卷，573)

《作为意志和表象的世界》第四卷是该书的最后乐章，气氛严肃。叔本华的风格是与更为严肃的讨论相匹配的(《作》第一卷,271)。这种讨论跟我们已经谈到的伦理话题一道，关注的是——用一个陈腐的词语来说——人的状况本身。有见识、有文才在此领域作出具有哲学趣味的贡献的人为数不多,而叔本华无疑是其中之一。

叔本华环顾世界,发现世界遍布着苦难——挫折、乏味、痛苦和悲惨。或许有人认为这只是一个个人倾向问题。也或许会有人指出人生中存在着好运、单纯的快乐、满足以及付出诚实劳动后的回报。如此说来,叔本华莫不是仅仅在关注高度筛选过的人生况味?果真如此,那他的悲观主义就是肤浅的,无缘无故的。但事实并非如此。无论是否同意他的观点,我们都应该看到他在探讨关系人类存在价值的一些影响深远的结论。存在则必会受苦;与不存在相比,存在并非更可取。现实如果从未存在过就更好了。这些主张使叔本华成为一个具有哲学意趣的悲观主义者。

第一个观点是,苦难在任何个人的生活中都存在,不可消除。作为物质的、活生生的生物,我们的日常生活就是为目标而奋斗。然而,叔本华认为,一个奋斗的人,一个意识到自身目标以及目标是否实现的人是一个受苦的人。其中部分原因可从利己主义的角度来理解。芸芸众生,人人都必须奋力图存,这就会出现目标的冲突，而阻止同情心的神秘介入就必定产生苦难。既然同情心不是普遍存在的,甚至不是广泛存在的,那么生活在众生之间的个体生命就很有可能包含一些受苦的插曲,还有一些让他人受苦的插曲。

然而,意志行为本身在另一种意义上与苦难紧密相连。首先,意志行为不会源自完全充足和满足的状态。个体只有在经受某种缺乏或不足的时候才会奋斗，而经受缺乏就已经是一种形式的苦难。其次，在事件发展过程中，个体的有些奋斗目标没有得到实现。如果个体没有实现某个目标，那么个体原有的缺乏状态就延长了。这种事实与意识到没有实现目标的状态一起又导致进一步的苦难。或许我们可以想象某个个体总是成功地实现了奋斗目标——这对叔本华而言也是无济于事的。因为，当我们实现一个一直为之奋斗的目标时会发生什么呢？此时达到的的状态叫做满足或者幸福。但是，叔本华说，这种状态仅仅相对于刚刚消除的不足是有价值的。满足感只能存在于一个受过苦的个体里，而其价值也只是相对于某个特定的受苦阶段而言的。叔本华在陈述时说，满足是消极的，痛苦是积极的。痛苦是可以感知的东西，而满足是一种缺席；得到满足仅仅是通过消除所感到的不足而退回至中性状态。感觉不到不足，因此就没有奋斗目标，仅仅是这样的状态本身就毫无积极价值。如果像这样持续一段时间，那就只是无聊了，叔本华常说无聊是人生的普遍特点之一。最后，目标的实现永远不能使人完全停止奋斗。“每个欲望一旦满足，新的欲望又产生了”：不管实现的是什么奋斗目标，很快就要继续为新的目标而奋斗，因而继续遭受进一步的的苦难。因此奋斗无法消除苦难本身。只要我们存在，我们所**做**的任何事情都无法阻止我们产生意志行为，也就是说，我们必须受苦。

有一点对叔本华而言很重要：虽然生活包含苦难，却不能通过苦难有任何积极意义来弥补。很多生命事实上能在苦难与满足之间保持平衡，这样才足以使人忍受生命。

> 这是几乎所有人的生活：他们有意念，他们知道自己

希望什么，他们为此而奋斗，所获得的成功足以使他们免于绝望，所遭受的失败也足以使他们免于无聊，免于无聊带来的后果。(《作》第一卷，327)

但是如果仅仅考虑苦难的存在，探问包含苦难的存在是不是好事，那么我们就不能说苦难可以通过远远高于存在本身的某种好处而得到弥补。一般的苦难要想得到弥补，那必须是：一个个体的人的存在是件单纯的好事，不管发生什么。而我们即将看到，这是叔本华彻底否定的。但到目前为止，如果接受他的观点，我们至少可以得出这样的结论：任何人可以获得的幸福都一定与苦难有着密切关系。想象一种没有苦难的存在就是想象一种并非人类个体的存在。

死亡

对于存在的最明显的事实——我们的存在将会终止，我们每个人应该采取什么样的态度呢？我们的确倾向于畏惧死亡，但叔本华认为这种畏惧不是基于好的理性的缘由，而是因为我们是生命意志的体现："对生命的无限依恋"是人类与生俱来的情感，一切动物皆然(《作》第二卷，465)。如果死亡的过程涉及痛苦，那么畏惧死亡也许是正当的。但那样一来，畏惧的对象就是痛苦而非死亡。叔本华列举了几个熟悉的论据来说明畏惧死亡是不合理的。其中之一是对称论：我们出生以前并没有无限期的存在，而那对我们而言是一件无关痛痒的事情，那么我们也应该同样看待自己的不再存在。另外一个便是伊壁鸠鲁的观点，即正是**因为**死亡包含着生命的不存在，我们才无须害怕死亡：一个不存在的事物的不存在能有什么影响呢？

然而，叔本华提出了一个更加积极的令人慰藉的观点。他承认死亡是人类个体的休止，但是他认为这不是看待死亡的唯一方式。同时代的很多欧洲哲学家在死亡的绝对寂灭论与永生论之间摇摆不定。但是两种观点都“同样错误”（《作》第二卷，464）。从一个“更高的视角”来看，这个问题就变得很明显。这个视角再一次利用了物自体与现象之间的差别。我作为一个个体，不过是现象世界的一部分。它在一定时段内占有一部分空间，其后就不再存在了。从个体角度看，死亡就是寂灭，并且是我的彻底寂灭，如果我的全部就是这个具体现象世界里的一个个体的话。然而，如果我同时也是我自身中的某个事物，超出一切时间和变化之外，那么死亡就不是我的终结：

> 最大的含混之处其实在于“我”这个字眼……据我自己的理解，可以说：“死亡是‘我’的完全终结”；或者“‘我’个人在现象世界中的出现只是我真实的内在本质的无限小的一部分，正如我是这个世界无限小的一部分一样”。（《作》第二卷，491）

“我真实的内在本质”在这里与“世界”指的应该是同样的东西，因为现实**自体**是不受任何个体状况左右的。因此那个“更高的视角”得出的想法是我就是世界；鉴于这一点，我们可以采取如下这个当能宽慰人心的观点：“我”通常是指一个短暂的个体，是不值得担心的。

叔本华再一次试图放宽我们把自己当做个体的那种常见的认同感。世界通过当时当下的我来体现自身。而当我不再存在后，同样的，世界会通过同物种的其他个体以同样的方式来呈现自我。这些个体将会发现自己是意识的主体，把自己称做“我”，追求其目标，经历苦难与满足，然后又不再存在。我可以这么认为：现实自体不会关心是这个还是那个个体的意志呈现。自然本身不会因为任何一个具体部分的毁灭而悲伤，没有我它依然会存在。如果我与现象世界的其他个体享有同样的“内在本质”，那么不管现象消逝与否，我的本质内核是继续存在的。其实，“继续存在”是对叔本华观点的一种曲解。从时间无限的意义上讲，现实自体是永恒的。我拥有我的“现在”，其他每个现象，不管是存在过的还是即将存在的，都同样拥有它的时间，对它而言同样是“现在”。但是，从现实自体的角度来看，时间是一个幻觉。因此某个特定事物在现在之后就不再存在这个现象事实，就不是关乎现实自体的事实了。

这里就出现了两个问题：一是这种观点作为形而上的应用可能不会令人信服；二是即使这很可信，也可能不会给人慰藉。物自体是无差别的、永恒的这一观点源自叔本华的理想主义时空理论。如果我们对他的理论有疑问的话，这个观点我们也会质疑。真正麻烦的是这样一种看法：“我”是以某种方式存在于这个永恒的、没有差别的世界。先前叔本华告诉我们，“我”指的是物质的、奋斗的人，指的是我们发现自己所作为的纯粹的有意识的主体。而且如果不是拥有身体器官的人，我就不会存在。但是，如果在人类个体不再存在的同时主体意识也不再存在，“我”所指代的任何事物又如何留存呢？我们在讨论一个具有同情心的人的非自我主义世界观时所说的内容，可以再次应用到关于死亡的更高的视角上：在死亡所要求的终极现实的画卷上是不可能找到**我自己**的。

叔本华关于死亡的“更高视角”是否可以给人慰藉？这一问

题很难回答。他努力反复灌输一种思想，即一个人的死亡在万物秩序中是没有多大意义的。但是如果接受他采取这种态度的理由，我们不应该认为个体生命是没有意义的吗？这个想法能给人慰藉吗？叔本华似乎是这样认为的：

> 死亡是不再做我的好机会……濒死就是从个体的片面状态中解放的时刻。这种个体的片面并不构成我们真正存在的内核，而应该被看做一种失常的状态。（《作》第二卷，507—508）

事实上，叔本华认可两种不同的观点，他的死亡观可能因此给人以慰藉。第一个是**对生命意志的肯定**。持有这种观点的人可说是以“强硬之骨”立身于世。

> 一个在生活中找到满足并因此而非常开心的人，一个经过冷静深思却依然渴望他迄今为止所经历的人生旅程能无尽地持续或者不断地重现的人，一个以巨大勇气面对生活、为了生活的欢娱而心甘情愿承受生活的千辛万苦的人。（《作》第一卷，283—284）

这个人可以在叔本华所认为的“死亡无法毁灭我们”的理论中获得安慰：“装备了我们所赐予的知识，他会漠然看着死亡乘着时间的翅膀向他逼近。他会认为这是一个错误的幻觉。”（《作》第一卷，284）这样的人会认为作为个体而活着是很好的，然而生命的终结也是个体无力逃脱的命运。

叔本华认为，自杀同样是源于对生命的肯定态度。他的解释是这样的(乍看起来很奇怪):如果我认为生命中的欢愉具有积极意义,那么尽管生命中包含痛苦,我也总是冒着痛苦将胜过欢愉的危险。如果我继续想从生活中得到潜在的积极方面,但又渐渐觉得得到的只有苦难,解决方法就将是不再生活下去。然而:

> 自杀远不是对生命意志的否定,而是强烈肯定生命意志的现象。因为否定的本质内容是避开生命中的欢愉而非悲哀。自杀是生命意志的体现。自杀仅仅是因为个体对生命状况的不满。因此他所放弃的绝对不是生命意志,而仅仅是生命,因为他毁灭了个体现象。(《作》第一卷,398)

因此,一个希望自己的生命可以无限反复的人(尼采似乎又从这些人身上学到了一些东西)和一个不堪苦难重压而结束自己生命的人,他们的确采取的是同样肯定生命意志的态度。但是,二者都会错过另外一些东西:他们不会渐渐懂得叔本华所理解的真理,即不断受苦对所有生命都是至关重要的(《作》第一卷,283)。另一种观点包含着这个真理,那就是**对生命意志的否定**。这种态度意识到了苦难作为生命意志的个体体现遍布于所有个体,而且实现目标也绝不可能脱离苦难。它停止在人类个体生命中寻求任何积极价值,包括从转瞬即逝的满足感当中寻求积极价值。这就形成了一种对待死亡的独特态度:

> 情愿死,欣然死,怡然死,是安于现状者的特权,他们放弃并且否定了生命意志……他们自愿放弃了我们所知

的存在，转而得到我们所认为的**虚无**。因为相对于那种存在，我们的存在是**虚无**。佛教教义把那种存在叫做“涅槃”，也就是毁灭。（《作》第二卷，508）

意志的否定

生命意志必须被否定——“如果要从我们这样的存在中获得救赎的话”（《作》第一卷，405）。救赎是一种宗教教义。叔本华热衷于把哲学探讨与基督教、婆罗门教和佛教联系起来。他声称，撇开神秘的外在表现以及近期堆砌的教义，这些宗教的核心都是一样的。甚至上帝也不够简洁明了：哲学意义是有神论者和无神论者一样都可以感受得到的（《作》第一卷，385），那就是，如果要在存在中找到真正的价值，我们必须摈弃作为人类的本质，或者拒绝它。真正的自我是生命意志（《作》第二卷，606），而这也是必须被否定的，所以，救赎存在于自我否定或自我摈弃中。“事实上，”他说，“什么也不能被视为我们存在的目的，除了一点认识，那就是我们最好不存在。”（《作》第二卷，605）在“生命意志的否定”中，个体反对在自己身上发现的生命意志的特殊体现，也就是反对自己的身体，反对自己的个体性。因此个体会尽可能停止为实现自我目标而奋斗，停止躲避苦难或者寻求欢愉，停止欲求种类繁殖或任何性满足——简言之，个体鄙视自身本质的意愿部分，不再谋求对意愿的认同。经过叔本华令人欢欣的散文式描绘，这种显然不惬意的状态变得似乎值得去寻求：

我们可以推断，一个人的意志如果不是像在欣赏美时那样短暂地沉寂，而是永远沉寂、彻底消灭的话（除了最后发出与机体同生共死的微光)，他的生活一定是多么地幸福啊。这样的人经历了与自身本质的诸多艰苦斗争，最终彻底征服了，仅仅留下一个纯粹的认知性存在，一面反映世界的纤尘不染的镜子。没有什么再可以让他烦恼或惊异了；没有什么可以再感动他了，因为他已经切断了把我们同世界捆绑在一起的千缕意志行为之线，以渴望、畏惧、嫉妒和愤怒的形式把我们拽来拽去、使我们不断痛苦的千缕意念之线。(《作》第一卷，390)

那时我们经受的就不是坐立不安，压力重重以及心力交瘁；也不是从欲望到忧虑、从欢乐到悲伤的不断转变；亦不是构成欲求者终生梦想的永无满足、永无休止的希望。我们看到高于所有理性的平和，看到心灵如大海般的平静，看到深深的宁静，看到不可动摇的信心与安详，这种信心与安详仅仅在拉斐尔和柯勒乔描绘的人物相貌中反映出来就是某种十足的福音书。唯有知识留存，意志已然消失。(《作》第一卷，411)

意志的否定与对美的宁静思索具有密切联系。尽管如此，这种否定也不能通过美学途径来获得。它首先是通过一种圣人般的生活获得。这种圣人体会到自我主义、个体性以及整个现象世界都是一种错觉，并由此而生出正义与慈悲的情怀。所有事物在"自体"层面上都是一样的，这种假定的认识导致自我主义的彻底屈服，也导致人们将所有苦难都当成自己的苦难。这种"对整体的认识"因此成了"一切意志行为的**消声器**"(《作》第一卷，379)，使得意志违背其自我肯定的自然状态。通向这种状态的另一条次要途径是苦难本身。这条途径在叔本华看来更为普遍，因为圣人般的生活不仅罕见，而且面对意志的诱惑极难保持(《作》第一卷，392)。然而，现实生活或悲剧艺术中也有这样一些人，他们的个人痛苦很长久或很强烈，最后生命意志破灭了。于是，仿佛"从苦难净化的火焰中突然闪现出一道银光"，救赎的状态就可能达到了。在这种状态下，人们摈弃所有欲望，人们超越自我，超越苦难，达到一种"神圣的平和、幸福和崇高"的状态(《作》第一卷，392—393)。

叔本华提出大量实践和经验，自认为能证实他对自我摈弃的描述：

> 寂静主义，即放弃所有意志行为，禁欲主义，即抑制个人意志，以及神秘主义，即意识到自身内部存在与所有事物的内部存在或世界核心的同一性，这些都有着非常密切的联系，因此任何人信奉其中之一便会逐渐接受其他思想，甚至会违背自己的意愿。表达那些教义的作家们尽管年龄、国籍及宗教信仰差别很大，他们的意见却是一致的，这一点最令人吃惊。(《作》第二卷，613)

禁欲者不满足于为他人祈福，当意志通过身体表现出来时，他积极寻求反抗意志的种种目的。["人自身的苦恼"因此便成为行动的第四个**刺激因素**，另外三个是自我主义、恶意以及同情(《作》第二卷，607)]。叔本华这样描述禁欲者："他身体强健，通过外生殖器表达性冲动，但是他否定这个意志，对自己的身体撒谎。"(《作》第一卷，380)与自觉戒除性行为——生命意志的最强有力的体现——相伴发生的，通常是自甘贫穷、不躲避他人的伤害或侮辱、斋戒、自我惩罚以及自我折磨。因为所有这些情形都是刻意追求的目标，所以禁欲主义不能等同于完全没有意志。后者必须是像“突然的银光”一样从苦难中产生的，是不可预料的；人可以蓄意筹划苦难，但是真正的救赎不是有意的，不是预先设计的。

与此同时，神秘主义仅仅是“意识到自身内部存在与所有事物的内部存在的同一性”。叔本华声称他能做到从哲学角度描述神秘主义者在主观经历中达到的状态。但由于这种经历不可言传，他就达到了哲学的局限所在：

> 当我的学说达到最高点，它便带有一种**消极**特征，因而以一种否定告终。因此在这里它只能讲什么被否定或放弃了……神秘主义者正于此时此刻积极地行进，因此在这一点上仅留下神秘主义。（《作》第二卷，612）

叔本华的书开头说“世界……”，结尾的确是“——虚无”。现象世界被人所否定，这些人的意志反对这个世界，反过来他们拥抱的仅仅是虚无；但是随后，从他们变化了的视角出发，整体世界就可以归零了。无意志的主体不赋予人的苦乐轮回以任何积极价值，而在拒绝那些拥有普通人类价值之事物的过程中找到一种新的价值。

不管我们对叔本华最终的理论是否满意，我们一定会担心它能否自圆其说。我们经常质疑能否把**自我**看做存在于一个消除了个体间所有差别的世界。但是，即便撇开这一点，有人也许还是会问：如果世界的核心是被憎恶的生命意志，正是“我”如此想要逃离的东西，“我”又怎么能默认“我”与世界核心同一这一平静观点呢？然而，可以这样来解答这种担忧。我们不能忘记叔本华对认知与意志行为的区分。去**认知**世界作为一个无处不在的、无目的的生命意志，这不同于当意志通过身体表达自己的时候与其合谋——不同于代表这个特定个体来实施意志行为。对叔本华而言，救赎是通过认识实现的，不是通过任何好的事态所获得的认识实现的。把世界看做一个并非与我不同的整体，这样的看法是有价值的，因为它把我从奋斗、幸福和苦难的单调工作中解放出来——而不是因为我渐渐认识到世界是好的。对叔本华而言，世界不是一个好事物，我也不是。但是如果退后一步，从普世的角度来认识这个糟糕之地，而不是在与其一小部分地区的毫无疑义的认同中继续意志行为，则还是可以抢救回一些价值的。

与意志否定相关的最后一个问题是，它是否始终注定是一种意志行为。如果我可以选择肯定或否定我的意志，那么在某个更高的层面上，我必定愿意否定生命意志。如果这个能识别肯定和否定的"更高的"意志行为不隶属于生命意志，这就不是一个矛盾：我就可以任意决定否定我的生命意志。但是，如果叔本华认为所有意志行为都是生命意志的一种形式，而且对生命的否定是我可以任意施行的，他的观点就很难自圆其说了。这个问题的最佳解决方法是声称对意志的否定仅仅存在于一个主体中，并不是一种有意识实施的行为。人对每种生物或是自身苦难的天然同情很大程度上克服了人的自我主义，于是他不可能再奋力追求那些从狭隘的自我存在中产生的目标。他对这点的另一种描述是"生命意志反对自身"。在《作为意志和表象的世界》的末尾，他写到的不是"那些否定了意志的人"，而是"那些其意志转而否定自身的人"(《作》第一卷，412)。有一点很重要，这里的媒介并非直接是**我的**。正如原先让自己拥有生命的不是我一样，反对生命意志的也不是我。这里的“施动者”是生命意志，是生命意志反对自身。所以意志的否定其实**不是**发生意志否定的这个人的一种意志行为。然而，叔本华有时候写的似乎就是这样的。那些其意志反对自我的人必须时常与对意志的肯定进行“斗争”，而肯定意志是身体的自然状态；他们必须“通过自我强加的一切形式的摒弃行为全力斗争，坚持这条道路”（《作》第1卷，391）。我内在的生命意志是顽固的，即使它先前被圣人般的行为或沉重的苦难所破坏，它还会反过来肯定自身。所以这样一来**我**就必须继续希望否定意志。

悲观主义

叔本华的哲学悲观主义体现在两个互相联系的论点上：一是对每个人而言，不出生更好，二是整个世界是所有可能的世界中最糟糕的。对第一个论点的论证基于这样一种看法，即对普通的奋斗者而言，生命必定包含苦难；还基于这样一种观点，即所有的满足仅具消极价值，是苦难的终止。叔本华从这里延伸到如下一种观点：人类存在中所能得到的任何满足都无法弥补生命中所必须包含的苦难。就好像是在天平上，与任何苦难，即便再小的苦难相比，没有什么满足感能平衡它们。光凭世界上存在恶这一点，世界不存在比世界存在要好——我们应该希望不仅我们自己没有存在过，而且我们必须受苦的这个世界也不曾出现过（《作》第二卷，576）。总之，我们的状况是“不存在会更好”（《作》第二卷，577）。

其实这个观点我们并非不得不接受。人生是无目的的，人生必定包含苦难，没有任何满足可以抹去任何一种痛苦带来的罪恶——这种看法很有道理；在这个意义上，叔本华援引的彼特拉克的一句诗,"一千种欢愉都弥补不了一种痛苦"(《作》第二卷,576),就是正确的。同样,还有一点可能也是正确的:**不能保证**存在比不存在要好。如果像叔本华另一个不无道理的断言所说的那样——"十个人当中有九人在不断与欲望作斗争,总是费劲费力地在毁灭的边缘保持着自我平衡"(《作》第二卷,584),那么存在好于不存在的个体生命的总数可能比我们认为的要少得多。我们仍然不能因此就说每个人都应该认为其存在比不存在要糟糕。所需要的关键前提是一个生命所包含的**任何**苦难都使得其不存在要更可取。但是这一步会让我们认为七十年的满足就因单独一段痛苦的插曲而变得毫无价值——那无疑是不可信的。我们应该更强烈地质疑这样一种观点,即所有的满足都是消极的——痛苦**是被感知到的**,而满足不过是恢复中性状态。不管一个人的生命中有多少幸福的部分,这些部分都不能带走个体受苦的那些部分,这种看法是正确的。但是仅仅是受苦的事实并不能带走不受苦的那部分的价值(不受苦的那部分可能恰好有很多),这应该也是同样正确的看法。

叔本华尖刻地批评乐观主义,即认为这个世界是所有可能的世界中最好的一个——"其荒谬性有目共睹"(《作》第二卷,581)。他最猛烈的攻击是这样的观点:这个世界其实是可能出现的世界中最糟糕的。他是这样说的:"把'可能'当成是'能够实际存在并延续的'。那么既然'这个世界要想能够继续艰辛地存在,它就是以它必须被安排的方式来安排的'(《作》第二卷,583),我们就可以明白,一个比这个世界更糟糕的世界是不能继续存在的。因此这个世界就是可能存在的最糟糕的世界。"这个论点很奇怪。叔本华引用大量证据证明一个观点:这个世界只有历经重重困难才能继续存在。十分之九的人类生活在灭绝的边缘，很多物种已经彻底消失了，温度稍微有些变化或是大气成分稍微有些变化就会将生命完全毁灭。地球轻易就可以被太阳系中的碰撞或是地壳底下的力量所摧毁。因此，也许有很多可能的世界比现在这个世界离灾难更远——如果真是这样，知道这一点可能对人有益。但是我们可以清楚地想象这个世界的很多变化都是明显地在恶化，它们还不足以毁灭地球或地球人。现在很多人认为环境正逐渐变得越来越不利于生命了。但如果叔本华言之有理，下面这个观点将是站不住脚的：此刻一定是最接近世界末日的——似乎没有任何理由接受这种极端的观点。

因此叔本华声称的这些极端的悲观主义学说是没有说服力的。然而，他的悲观主义成功地提出了某种不那么极端的完全可信的观点，即认为以下想法，如我们并非**注定**要受苦，我们从某种角度来说值得拥有幸福，或者世界应该让我们实现奋斗的目标，这些想法是错误的——同样，认为不管生活带来什么，活着就是好事的看法也是错误的。他对虚荣心或生命之无价值的冗长动人的讨论使得我们逃离这些乐观主义的错觉，接受一个更残酷却更人道（有待论证）的观点：生命本身是无目的的，苦难总是生命不可分割的一部分，生命的终结有时可能是好事。

尽管如此，有时人们会认为叔本华最终根本不是一个真正的悲观主义者。因为他并不真正认为人生中没有可以获得的价值。美学思考，艺术天才，慈悲和正义的生命，禁欲主义以及对意志的摒弃，这些都是至少等待着一些人的至高无上的价值。逃离意志的人正好获得了“救赎”，这似乎是一种其价值无可指责的的状态。所有这些都是正确的，但又与“悲观主义”有矛盾，如果你认为在悲观主义看来任何事物都毫无价值的话。这与叔本华下面的观点并不矛盾：不存在本来会更好，这个世界是最糟糕的世界。无意志的价值是真实的，但在叔本华看来，必须是在能对最糟糕的处境起到某种改善作用的条件下。有人可能反对这样的说法：在一个更糟糕的世界里，甚至连无意志顺从的救赎也是得不到的。但是叔本华会这样回答：在那种情况下，存在将变得很难忍受，没有哪个真正理解其性质的人能够忍受下去。在那个意义上，它就不是一个可能存在的世界。

最后，如果我们考虑到在他的万物谱系里唯一称得上悲观的价值取决于自我摈弃，甚至叔本华的救赎观本身也可以肯定地说是悲观的。对那些为生活奋斗的个体和林林总总的生活目的采取超然的态度，我们就能顺而从之，享受审美的宁静。如果这个活着的个体在表象的世界里仍然保持**我的本性**，如果生命意志仍然是我自身中的**本性**——没有非实体的灵魂，没有合理的本质，没有天意筹划的成分——那么**我的本性**不仅是无价值的，而且是一个障碍，必须拆除它才能看到真正的价值。因此要感受叔本华为存在问题所提供**答案**的全部分量，就要遭遇一种自我憎恶，而自我憎恶中隐含着最深的悲观主义。

第九章

叔本华的影响

叔本华认为自己建立了一个揭示了“单一思想”的哲学体系(《作》第一卷, xii)。但是这个体系遭到很多批评,通常不是他吸引力的基础所在。他作为哲学家的永恒的重要性更多体现在他自由探究和直率质疑的风格,体现在他对传统的确定性的摧毁以及他所面对的新的不确定因素。不朽的灵魂,神的意图,人的尊严,这些旧思想对叔本华而言已经消逝了,而且不应该复兴。人类是自然的一部分,理性并没有赋予人类特别崇高的地位。人类个体被体现着,不安地活跃着,是奋斗的、受苦的动物,其核心是性欲和自我主义。个体的身份变得彻底成问题了。我们的大脑是一个适应生活目的的有机体的大脑,分裂为两个方面,一个是有意识的、认知的、我们试图认同的看似超凡脱俗的自我,另一个是看似异己却真正驱动我们的、无意识的、自然的意志。生命没有目的。做自己并不是一件具有任何积极价值的事。叔本华的论证使自己陷入一种困境,在这里存在本身就是一个问题,然后他又提出诸如天才和圣人般的状态、审美经历和个体性湮灭这些例外,作为打捞价值的唯一方式。这种令人不安的挑战性思想代表着他对现代文化的独特贡献。

尽管从来没有过一个叔本华学派,他对思想史的影响却是既伟大又丰富的。在19世纪晚期和20世纪初，他是欧洲文化的前沿：他的书被广泛阅读，为许多学术论文和出版的专题论文提供了素材，知识分子和艺术家们趋之若鹜。他拥有一些哲学上的追随者，但是可能更为显著的是他吸引了那些爱上他文章的人，他们认真思考或者苦苦琢磨他的思想，然后进行创造性运用。19世纪50年代瓦格纳迷上了叔本华，这种迷恋成为他的创作，尤其是《特里斯坦与伊索尔德》创作的主要动力。19世纪60年代，类似的事也发生在尼采和托尔斯泰身上。19世纪80年代和90年代，读过他作品的有托马斯·哈代、托马斯·曼以及马塞尔·普鲁斯特；20世纪初期的几年，年轻的维特根斯坦也读过。我们在《布登勃洛克一家》和《追忆似水年华》中可以找到阅读叔本华或讨论他作品的角色；《德伯家的苔丝》也提到了他。总之，这里无法列举的还有许许多多著名艺术作品都打上了叔本华思想的烙印，有些是直接的，有些更为间接。受到叔本华哲学影响的艺术家的名单还可以继续往下写，如马勒、里夏德·施特劳斯、屠格涅夫、劳伦斯、贝克特、博尔赫斯等。

叔本华的魅力离不开他作为一个文学家的才干。他优美的散文以及他对结构和戏剧性的把握——叙述中的每一步都有一个充满力量的形象，在时间安排上也达到最佳效果——使他从哲学体系到小说或歌剧舞台的过渡极其流畅。没有哪一种学说能同时打动这么多作家和音乐家，但给人留下最强烈印象的无疑是他的美学理论，他的音乐哲学，他对无意识的认可，他对强烈的性冲动的探讨，他的悲观主义以及他对人类存在价值的质疑。在一些方面，令人奇怪的是叔本华影响最大的时期没有持续到20世纪20年代之后，而那时正是很多我们刚才提及的那些人成为知名文化人物的年代。这段时期经济领域很不景气，一战徒劳无功，又平添更多痛苦，对心理分析的广泛兴趣改变着人们对人类性格的认识——难道这不是一个真正的叔本华时代吗？然而直到20世纪中期他都不是一个那么有名的作者，其中一个主要原因是当代哲学的主流没有给予他真正的关注。

在那些为叔本华所折服的人当中，瓦格纳和尼采是最早的，似乎也是受影响最深的。也只有在了解这两位大家的过程中，探讨他们与叔本华的联系是大有裨益的。瓦格纳不是哲学家；他有时也坦言，尽管他不断反复阅读，要弄清叔本华作品的深意还是很难。显而易见，音乐作为意志奋斗的直接表现这种观点吸引了他，但对意志的否定这一观点也是如此。他在写给李斯特的一封信中说："我已经……找到了一种终于能帮助我在夜晚入睡的镇定剂；那是对死亡的真诚而由衷的渴望：完全无意识，彻底寂灭，一切梦的结束——唯一的终极救赎。"瓦格纳清楚地感觉到叔本华的思想使他自己的一些见解变得明确了，让他对自己现有的作品有了全新的看法："如今我终于可以理解我的佛旦了。"他在歌剧里最接近叔本华真实哲学的地方，是剧中人物特李斯坦和伊索尔德表达他们作为个体对停止存在的深切渴望的时候。性爱可以压倒个体生命当然也是叔本华的主题之一。然而，瓦格纳试图将对不存在的渴望转变成性爱的高潮，而不是转变成叔本华所倡导的彻底否定性爱——换句话说，即使是在最感激叔本华的时候，他也并非完全亦步亦趋。

把瓦格纳与年轻的尼采联系在一起的事情之一是他们对叔本华的热爱。他们是各自发现叔本华的。即使尼采也曾经经历过一种情感上向叔本华哲学的"皈依"，他与该哲学的关系是非常不一样的。在他出版的第一本书《悲剧的诞生》中，尼采用一对具有象征意味的神——阿波罗和狄俄尼索斯来解释希腊悲剧了不起的艺术成就。阿波罗代表美丽的梦一般的个体英雄形象。狄俄尼索斯代表朝着暗藏在个体性之下的残酷世界的吓人而又令人陶醉的一瞥(这个世界将毁灭这个英雄)。在试图解释这对象征的时候,他用到了叔本华对表象和意志的区分。尽管这本书是一种独特的情感迸发,很多内容都与叔本华没有什么直接联系(尼采自己后来这样评论),但是阅读叔本华在为尼采提供该书的轮廓及写作冲动上起着决定性作用。

然而,使叔本华变得对尼采更有意义的是后来发生的事情。他背离了从前的"老师",乃至说他"一无是处"。随着尼采自己哲学的发展,叔本华依然是他的一颗特殊的指路之星——一颗需要避开的星。在《论道德的谱系》里,尼采把叔本华的思想判定为是他自己性格的释放口,还特别提到对审美宁静的推崇表示了叔本华逃离他自己的可恶的性冲动之后的安心;而且"他本来会生病,本来会变成**悲观主义者**(因为他不是悲观主义者,尽管他很想),如果没有敌人,没有黑格尔,没有女人,没有感官愉悦以及存在和坚持下去的整个意志"。也许吧——但如果没有叔本华,没有他对错误的适时总结,尼采又会变成什么样子呢?尼采在前言中已经告诉我们:"受到威胁的是道德价值——在这一点上,我必须几乎全部向我伟大的老师叔本华妥协。"

尼采很关心价值的丧失。他同意叔本华的观点,即存在必定包含苦难,基本上是没有意义的。但是他反对把摈弃和禁欲当做救赎的方式。深入探索叔本华的思想是必要的一步,但是除了寻求逃离意志、摈弃人的个体物质存在这种"否定生命"的态度外,必然有另外一种态度。尼采所建议的解决方案是一种创造性的自我肯定("成为你自己!"),把自己的痛苦甚至是残忍作为自身真实的一部分来接受。他的“权力意志”观不只是用词上基于叔本华的“生命意志”，它试图取代后者来描述组织人类行为并在某种意义上组织整个宇宙的根本驱动力。权力意志并不主要是一种政治学说，而是试图通过假定一种潜在的增长趋势和掌控世界与自我的趋势来解释人类行为、认知以及文化信仰。尽管他驳斥叔本华关于物自体的形而上学说，试图全盘怀疑哲学上的形而上学，但尼采的权力意志观表现出与叔本华意志观惊人的相似。鉴于权力意志的观点，尤其是权力意志可以是有意识的，也可以是无意识的，它在个体中有一个有机的基础，它无所不在，鉴于这些，把权力意志称为叔本华学说的继承者是恰当的。

尽管叔本华是尼采所批评的哲学家中的前沿人物，其批评的很多方法都是叔本华建议过的。比如说，尼采认为关于道德价值的形而上的学说和信念并不来源于“纯粹的”理性思索，而常常是因为暗中需要与苦难以及掌控自己或周围环境的意志达成一致。这种观点明显就源自叔本华所持的意志塑造我们的智性过程这一学说。叔本华认为世界是由生物体的某一特定物种的大脑来构造的。这反映在尼采的思想中，他坚信没有绝对的真理或价值，只有帮助我们应对生活的观点和虚构。叔本华当然也提供了禁欲主义理想的最赤裸的例子。尼采认为大多数西方文化之下都暗藏着禁欲主义理想——“人类宁愿**虚无**，也不愿**放弃**意志”。除开这样的思想影响外，尼采的作品通常表现出与叔本华丝丝入微的联系。即使是在与叔本华思想存在最大分歧的时候，他也会借用叔本华语气和术语的神韵。读尼采而不了解叔本华就无法听出一个反复出现的潜台词，看不到在尼采作品常常令人困惑的推进中的一个关键方向点。

在尼采的同代人当中，人们对叔本华哲学的兴趣是广泛的。他常常被作为康德的一个主要继承人来研究。那个时代重要的哲学家，如汉斯·费英格和尼采的朋友、东方学家、玄学家保罗·多伊森就从叔本华那里发展出了新的体系。在20世纪，叔本华受到法兰克福学派的极力推崇。这个学派不满于正统马克思主义的乐观主义，尤其对马克斯·霍克海默不满。然而，声称到现在为止受到叔本华影响的大哲学家除了尼采只有维特根斯坦，这是不过分的。像尼采一样，维特根斯坦不是在一种学术背景下接触叔本华作品的。那些作品他是作为维也纳上流社会所有的思想储备的一部分来读的（有一个解释性的小细节，叔本华的另一个“门徒”古斯塔夫·马勒在早几年前住在维特根斯坦家中的时候，曾经送给布鲁诺·韦尔特一套叔本华全集）。事实上，对于一个来自像维特根斯坦家庭那样的有教养的年轻人而言，没读过叔本华会是一件很奇怪的事情。

维特根斯坦导致《逻辑哲学论》产生的最早哲学作品，初看似乎与叔本华没什么共同之处。他与弗雷格和罗素合作研究过形式逻辑的新方法，形式逻辑成为一场试图驳斥理想主义和德国形而上学假定的极端运动的基础。以前人们常常辩解，认为维特根斯坦对叔本华感兴趣是年轻人离经叛道。事实当然不止于此。在《逻辑哲学论》里，在谈及“我”的时候他用了叔本华的意象：这是一个无广延性的点，就像一只看不到自身的眼睛，是世界的一个局限而非一部分。“我”不是构成世界的事实的一部分。世界上也不存在任何价值。价值，无论是道德的还是美学的，都似乎来自对世界整体而非世界内部某些具体事实的态度。“从永恒的角度看待世界”——这是叔本华的另一个观点——“就是把世界看成一个整体”。维特根斯坦说，这是一种神秘的感觉。把哲学当做爬过之后就扔掉的梯子的意象同样使人想到叔本华对哲学与神秘主义关系的看法。

在《逻辑哲学论》里，我们感觉到它讲的是只在文中间接出现的某种东西。作者说，这本书的意义是“伦理”的，而在书中大家都知道，伦理不能表述为命题，它必须显示自我。维特根斯坦明显感到困扰，他在想，一旦人们用语言描述世界，真正的大问题，比如说“我”是什么，“我”与世界有什么关系，世界有什么意义以及善恶从何而来，这些就完全不会触及了。在他苦苦思考这些问题的时候，叔本华的哲学在很大程度上为他提供了一个阐述这些问题的坐标。在他早期的笔记中这点尤其清楚。早期的笔记上重复着“主体”与“客体”、“意志”与“表象”、“世界”与“我”这样的词语，这些词语只有被看做是试图借助叔本华的帮助来想清楚事情才可能理解得了。

维特根斯坦明显受到叔本华影响的另一个方面是行为理论。从他最早的作品到他的成熟之作，维特根斯坦都在担心是否存在独立于身体运动之外的意志的精神行为。这个问题是他探讨精神问题的核心：精神是否在任何意义上是“隐藏的”，并对分析哲学的行为理论具有重大影响？他似乎常常被一种基本观点所吸引，那就是，意志行为与行动是一致的，不是纯粹“内在的”精神过程。可以很容易地看出，这种观点根本上是叔本华的。尽管维特根斯坦在这方面并不经常提及前辈的名字，但他讨论所用的术语反映了其中的继承关系。

除了艺术和哲学，叔本华的影响也延伸到心理学，这是通过他的无意识观念以及性欲为人性之本的观点来实现的。曾经红极一时而如今多少被遗忘的一部著作是爱得华·哈特曼1869年发表的《无意识哲学》。这是一种奇怪的杂糅，作者试图把叔本华的一些观点与黑格尔的一些看法结合起来，并试图在悲观主义和乐观主义之间建立一种友好关系。他对叔本华无意识观念的主要修正就是建议它必须不仅仅含有意志，而且还含有理念，并且以某种方式追求理性目标。这部作品使“无意识”成为19世纪后期一个被广泛研究的主题，并同时成为人们对叔本华感兴趣的一种渠道。尽管他不是讨论无意识的第一个或唯一的哲学家，叔本华却可能是在弗洛伊德之前作出最大贡献的人。

弗洛伊德自己当然读过哈特曼的作品并且的确提到过。也有人常常指出，他一定在他活动的学术环境中熟悉了叔本华的观点。尽管如此，弗洛伊德尽量与叔本华保持着距离。他在一个著名的段落中说：

> 我小心地避免与哲学本身有任何接触。心理分析与叔本华哲学有着很多的巧合——他不仅断言情感占主导地位，性欲至高无上，甚至还意识到了压抑机制——这不能追溯到我对他学说的了解。我是很晚才读叔本华的。

弗洛伊德一定在某种程度上知道为保持原创权要避免读什么，这一点人们很不情愿指出。无论如何，有一点可以确定，这一时期的学术和文化生活对叔本华高度关注，这是促成弗洛伊德著作的一个重要因素，不管弗洛伊德意识到没有。

荣格是受到叔本华感染的又一个有影响的心理学家。他说他从十七岁起就读叔本华（这让我们再次回到19世纪90年代）并且同意他把世界描绘成充满困惑、激情与罪恶：“这里终于有人有勇气洞察到：世界的基础由于某种原因并不是最好的状态。”

尽管叔本华的形而上学作为一个体系并不可信，但是他提出的关于自我与无意识、行为、奋斗、苦难、摈弃、美学崇高以及存在价值的问题——这些令人烦恼或给人慰藉的思想激励了许许多多有影响的思想家——仍然是鲜活的，仍然具有挑战性。当我们在前台更显眼的位置与(可能是)尼采或弗洛伊德辩论同样的问题时，叔本华的声音依然是一个独特的、充满力量的哲学声音，依然值得我们聆听。

索引

（条目后的数字为原文页码）

E

F

G

H

I

N

O

P

R

S

T

U

V

W

Christopher Janaway

SCHOPENHAUER

A Very Short Introduction

Contents

Preface

This book aims to give a sympathetic but critical account of Schopenhauer's philosophy. He constructed a system which embraces metaphysics, epistemology, philosophy of mind, aesthetics, ethics, and the meaning of life. But as a complete system his philosophy has had few adherents, and he never founded a school of thought. His influence on the history of thought was rather that of provoking and inspiring generations of artists and thinkers from Wagner through to Wittgenstein. Some of his ideas prefigure those of Freud, and his most important philosophical impact was on Nietzsche, who at first found his pessimist conclusions attractive and later regarded them as repulsive, but was always in close dialogue with his 'great teacher'. Schopenhauer was a true atheist, who fundamentally questioned the value of human existence. Existence for Schopenhauer is a purposeless, painful striving, driven by an unconscious force that we cannot control. Release from this existence comes from losing one's individuality in aesthetic experience, in compassion for the world, and in self-denial. While examining all the main aspects of Schopenhauer's philosophical system, this book hopes to bring out the challenging nature of the questions he asks about human existence.

C. J.

August 2001

Abbreviations and works cited

Schopenhauer's works are referred to as follows, in translations by E. F. J. Payne, unless otherwise stated. Some very minor changes are made to some quoted passages.

B	*On the Basis of Morality* (1841; Bobbs-Merrill, 1965).
F	*On the Freedom of the Will* (1841), tr. K. Kolenda (Blackwell, 1985).
M1–M4	*Manuscript Remains*, vols. 1–4, ed. A. Hübscher (Berg Publishers, 1988–90).
N	*On the Will in Nature* (1836; Berg Publishers, 1992).
P1, P2	*Parerga and Paralipomena*, vols. 1 & 2 (1851, Clarendon Press, 1974).
R	*The Fourfold Root of the Principle of Sufficient Reason* (1813, 1847; Open Court, 1974).
W1, W2	*The World as Will and Representation*, vols. 1 & 2 (1819, 1844; Dover, 1969).

List of illustrations

1. Schopenhauer: daguerreotype, 4 June 1853

Chapter 1

Schopenhauer's life and works

Arthur Schopenhauer was born in 1788 in Danzig, and died in Frankfurt am Main in 1860. There are a number of photographs taken during the last decade of his life, from which we derive our most immediate sense of the man. He looks unconventional and grimly determined, but the sparkle in his eye is that of someone vigilant, incisive, and capable of mischief – not altogether different from the persona which emerges from his writings. At the end of his life Schopenhauer was just beginning to enjoy a measure of fame. His philosophy, however, is not a product of old or middle age. Although most of the words which he published were written after he settled in Frankfurt at the age of 45, it was in the years between 1810 and 1818 that he had produced the entire philosophical system for which he became celebrated. As Nietzsche later wrote, we should remember that it was the creative, rebellious energy of a man in his twenties which produced *The World as Will and Representation*. The mature Schopenhauer occupied himself in consolidating and supplementing the position he had presented in this masterpiece, which was, until very near the end of his life, neglected by the intellectual world.

Independence of spirit is the trait most characteristic of Schopenhauer. He writes fearlessly with little respect for authority, and detests the hollow conformism which he finds in the German academic establishment. But behind this is the significant fact that he was also financially independent. When he came of age in 1809, he inherited wealth which, with astute management, was sufficient to see him through the rest of his life. His father, Heinrich Floris Schopenhauer, had been one of the wealthiest businessmen in Danzig at the time of Arthur's birth. A cosmopolitan man, committed to the liberal values of the Enlightenment and to republicanism, he left Danzig when it was annexed by Prussia, and moved to the free city of Hamburg. Arthur had in common with his father a love of French and English culture and a horror of Prussian nationalism. The name 'Arthur' was chosen because it was shared by several European languages – though the intention here was chiefly to fit the infant for his envisaged career in pan-European commerce. Later Arthur felt he had also inherited his father's intense, obsessive personality. His father's death in 1805, probably by suicide, was a great blow to him.

Schopenhauer received a broad and enriching education in school, enhanced by the travel and social contacts that his wealthy family made possible. Sent to France at the age of 9 when his sister was born, he acquired fluent French. After some years of schooling, at the age of 15 he embarked with his parents on a two-year trip to Holland, England, France, Switzerland, and Austria. He saw many of the famous sights of the day, and at times was deeply affected by the poverty and suffering he witnessed. While his parents toured Britain, however, he was consigned to a boarding-school in Wimbledon, whose narrow, disciplinarian, religious outlook (a marked contrast to the education he had hitherto received) made a negative impression that was to last. This episode says much about Schopenhauer's character and upbringing. He was a seething, belligerent pupil who would not submit to the stultifying practices that surrounded him, and he seems quite isolated in his defiance. His parents wrote to him, his father niggling about his handwriting, his mother gushing about the wonderful time they were having and pleading with him to take a more reasonable attitude, but neither showed much inclination to see things from his point of view. It is tempting to view the situation as a microcosm of his later life. As his life progressed, it became clearer that it would not be constructed around close relationships with others. He began to see company as like a fire 'at which the prudent man warms himself at a distance' (*M1*, 123), and resolved to be lonely even when with others, for fear of losing his own integrity. He later wrote that five-sixths of human beings were worth only contempt, but equally saw that there were inner obstacles to human contact: 'Nature has done more than is necessary to isolate my heart, in that she endowed it with suspicion, sensitiveness, vehemence and pride' (*M4*, 506). He was prone to depression, and confessed 'I always have an anxious concern that causes me to see and look for dangers where none exist' (*M4*, 507).

Some writers on Schopenhauer's personality have looked to his relationships with his parents, and what they have found is not surprising. His father was an anxious, exacting, and formidable man, very ambitious for his son. Johanna Schopenhauer, née Trosiener, also from a successful business family in Danzig, was quite different. A lively, sociable person, she had literary aspirations, which culminated in a career as a romantic novelist, making her during her lifetime more famous than her son. She was a significant force in his life, but relations between them were never warm. In her marriage too, as she herself wrote, she saw no need to 'feign ardent love' for her husband, adding that he did not expect it. After Heinrich Schopenhauer died, the independently minded Johanna was free to embark on her own career, and moved to Weimar, where she established an artistic and intellectual salon frequented by many of the luminaries of the day. Arthur benefited from some of the relationships he established in this circle, notably with Goethe, and with the oriental scholar Friedrich Majer, who stimulated in him a life-long interest in Indian thought. However, his relationship with his mother became stormy, and in 1814 she threw him out for good, never to see him again.

By the time this happened Schopenhauer had abandoned the career in business which his father had projected for him, and had found his way into the life of learning. In 1809 he went to the University at Göttingen, from where he was to move on to Berlin two years later. He attended lectures on a variety of scientific subjects, having originally intended to study medicine; but he soon gravitated towards philosophy. The Göttingen philosopher G. E. Schulze played a decisive role in Schopenhauer's career when he advised him to begin by reading the works of Plato and Kant. Though Schopenhauer was, by any standards, a widely read and scholarly thinker, it is fair to say that his reading of these two philosophers provoked in him the fundamental ideas that shaped his philosophy from then on. The Hindu Upanishads, which he learned of through Friedrich Majer, were the third ingredient which he later blended with Platonic and Kantian elements to make something quite original in *The World as Will and Representation*.

When he moved to Berlin, Schopenhauer heard lectures by Schleiermacher and Fichte, two of the philosophical heavyweights of the day, though, true to form, he was fairly contemptuous of them, and certainly did not seem to think he was there to absorb what they had to say. His lecture notes and marginal annotations to the books he was reading (preserved in *Manuscript Remains*) show him keen to object and debate, and, for a young student, he reacts with an almost uncanny sureness of his own position. This too is a pattern that was not to vary greatly. Schopenhauer did not learn in association with others, by exchanging ideas and submitting himself to scrutiny. He learned, and wrote, by relying on his own judgement and treating other people's ideas as raw material to be hammered into the shape he wanted. What he could not use he sometimes decried as rubbish, with a witty style of mockery that usually succeeds in keeping the reader on his side. Schopenhauer would have made far less of himself without such single-minded determination, but the same feature has its compensating weakness: it can be a virtue for a philosopher to exhibit more give and take, more sense of dialogue and self-criticism, than Schopenhauer sometimes does.

When Schopenhauer was ready to write his doctoral thesis, in 1813, war broke out. Schopenhauer had an aversion to fighting, and even more of an aversion to fighting on the Prussian side against the French. He fled south to Rudolstadt near Weimar and there completed his first work, *On the Fourfold Root of the Principle of Sufficient Reason*, which gained him his doctorate at Jena, and was published in an edition of 500 copies in the same year. The book takes a stock academic topic, the principle of sufficient reason (which says that, for everything that is, there must be a ground or reason why it is), lays out concisely the ways in which it has been dealt with in the history of philosophy, then proceeds to a four-part explanation of the different kinds of reason. The systematic framework is derived from Kant, whose thought Schopenhauer has clearly assimilated, though not uncritically. There are enough twists to make this the beginning of something new, and more than a hint of what is to come in his major work. Schopenhauer always considered *The Fourfold Root* essential to understanding his thought, and undertook a revision of it for re-publication in 1847.

Another early publication is the essay *On Vision and Colours*, of 1816. This short book is a product of his involvement with Goethe, whose anti-Newtonian theory of colours had been published at the beginning of the decade. In discussing this theory, Schopenhauer and Goethe came to know each other quite well. Schopenhauer did not regard it as a central project of his own, but understandably did not turn down the invitation to work with one of the greatest men he was ever likely to meet. Goethe, forty years his senior, recognized the rigour of Schopenhauer's mind, and regarded him as someone with great potential, but was less concerned to foster his talent than to receive help in his own intellectual endeavours. The brief period in which they worked together is the one exceptional collaboration in Schopenhauer's career – but still he did not have it in him to become anyone's disciple. His own work *On Vision and Colours* diverged somewhat from Goethe's thinking, and he did not disguise the fact that he thought it superior. The partnership tailed off, Schopenhauer disappointed, though not crushed, by Goethe's lukewarm response. He later sent Goethe a copy of *The World as Will and Representation*, and had an apparently cordial meeting with him in 1819. But by now the two had parted company. As Goethe was to say, they were like two people who eventually shook hands, one turning to go south, the other north.

Schopenhauer's true destination is revealed in Volume I of *The World as Will and Representation*, which he completed in Dresden and published in 1818, although 1819 is the date that stands on the title-page. The dispassionate, Kantian exercise which Schopenhauer carried out in *The Fourfold Root* of 1813 did not reveal the driving force of his philosophy. It did not address questions concerning suffering and salvation, ethics and art, sexuality, death, and the meaning of life, but it was in these areas that his preoccupations already lay. The collected *Manuscript Remains* show Schopenhauer's greatest book in a process of composition over a period of almost ten years. Adapting the thought of both Plato and Kant, he had become convinced that there was a split between ordinary consciousness and a higher or 'better' state in which the human mind could pierce beyond mere appearances to a knowledge of something more real. The thought had aesthetic and religious overtones: Schopenhauer wrote of both the artist and the 'saint' as possessing this 'better consciousness' – though it should be said straightaway that his philosophical system is atheist through and through. He also struck one of the keynotes of pessimism, saying that the life of ordinary experience, in which we strive and desire and suffer, is something from which to be liberated. Such thoughts were well established in Schopenhauer's mind by 1813.

The idea which allowed his monumental book to take shape was his conception of the will. In the finished work, as its title indicates, Schopenhauer presents the world as having two sides, that of *Vorstellung* (representation), or the way things present themselves to us in experience, and that of *Wille* (will), which is, he argues, what the world is in *itself*, beyond the mere appearances to which human

2. Schopenhauer as a youth, 1802

knowledge is limited. The will is not easy to define. It is, to begin with, easier to say what it is not. It is not any kind of mind or consciousness, nor does it direct things to any rational purpose (otherwise 'will' would be another name for God). Schopenhauer's world is purposeless. His notion of will is probably best captured by the notion of *striving towards* something, provided one remembers that the will is fundamentally 'blind', and found in forces of nature which are without consciousness at all. Most importantly, the human psyche can be seen as split: comprising not only capacities for understanding and rational thought, but at a deeper level also an essentially 'blind' process of striving, which governs, but can also conflict with, the conscious portions of our nature. Humanity is poised between the life of an organism driven to survival and reproduction, and that of a pure intellect that can rebel against its nature and aspire to a timeless contemplation of a 'higher' reality.

Though he does still envisage a kind of resigned 'salvation', Schopenhauer thinks ordinary existence must involve the dual miseries of pain and boredom, insisting that it is in the very essence of humanity, indeed of the world as a whole, that it should be so.

Many have found Schopenhauer's philosophy impossible to accept as a single, consistent metaphysical scheme. But it does have great strength and coherence as a narrative and in the dynamic interplay between its different conceptions of the world and the self. What is set down at the beginning should be treated not so much as a foundation for everything that is to come, but as a first idea which will be revealed as inadequate by a second that seems to undermine it, only to reassert itself in transformed guise later on. There is a superficial resemblance here to the method of his contemporary Hegel, though everything to do with Hegel was anathema to Schopenhauer, and in other respects they could hardly differ more as writers. Thomas Mann likened Schopenhauer's book to a great symphony in four movements, and it is helpful to approach it in something of this spirit, seeking contrasts of mood and unities of theme amid a wealth of variations. Certainly there have been few philosophers who have equalled Schopenhauer's grasp of literary architecture and pacing, and few whose prose style is so eloquent.

For all this, the great work went virtually unnoticed for many years after its publication. Schopenhauer was embittered, but he was not one to think that the world was right and he was wrong; he continued throughout his life to believe in the supreme value of his work. In 1820 he was awarded the right to lecture at the University in Berlin, after speaking before a gathering of the faculty chaired by Hegel, the professor of philosophy. Schopenhauer duly presented himself to lecture, under the stunning title 'The whole of philosophy, i.e. the theory of the essence of the world and of the human mind'. But he had chosen to speak at the same time as Hegel. Two hundred attended the lecture of the professor, who was at the peak of his career, and the unknown Schopenhauer was left with a pitiful few. His name was on the lecture-schedule in later years, but he never returned to repeat the experience, and this was the end of his lecturing career. Hegel was the epitome of everything that Schopenhauer disliked in philosophy. He was a career academic, who made use of the institutional authority which Schopenhauer held in contempt. He upheld the church and the state, for which Schopenhauer, an atheist and an individualist, had no time. Although thoroughly conservative himself, Schopenhauer regarded the political state merely as a convenient means for protecting property and curbing the excesses of egoism; he could not stomach Hegel's representation of the state as 'the whole aim of human existence' (*P1*, 147). Hegel was also an appalling stylist, who seemed to build abstraction upon abstraction without the breath of fresh air provided by common-sense experience, and Schopenhauer – not alone in this – found his writing pompous and obscurantist, even dishonest. The emblem at the head of Hegelian university philosophy, he says, should be 'a cuttle-fish creating a cloud of obscurity around itself so that no one sees what it is, with the legend, *mea caligine tutus* (fortified by my own obscurity)' (*N*, 24). It is not true to say that Schopenhauer's philosophy was based on opposition to Hegel – Hegel was far from his mind as he created his major work – but Hegel's triumphant success, coupled with his own continuing lack of recognition, nevertheless produced in him a rancour which dominated much of his subsequent career.

During the 1820s Schopenhauer was at his least productive. He travelled to Italy, suffered during and after his return journey from serious illness and depression, and continued an affair with Caroline Richter, a chorus girl at the National Theatre in Berlin. He planned a number of writing projects, such as translations of Hume's works on religion and of Sterne's *Tristram Shandy*, but nothing came of them. His notebooks were filled, sometimes with invective against Hegelianism which he reworked for inclusion in later works, but he completed no more publications while in Berlin. It is especially sad that the English publisher he approached about translating Kant's *Critique of Pure Reason* and other works should have turned him down. Schopenhauer's English was good, his feel for literary form superb, and his knowledge of Kant's work intimate. One can only speculate how the history of ideas would have been affected had he succeeded in making Kant more accessible to the English-speaking world at this comparatively early date. (By contrast, a result of his scholarship to which we are indebted is the rediscovery of the first edition of the *Critique*, which was republished in 1838 partly thanks to his efforts.)

In 1831 cholera reached Berlin, apparently claiming Hegel among its victims, and Schopenhauer left the city. After some indecision he settled in Frankfurt, where he was to continue living an outwardly uneventful life, balanced between writing and recreation – theatre, opera, walking, playing the flute, dining out, and reading *The Times* in the town's library. Now he was able to produce more books. In 1836 he published *On the Will in Nature*, which was designed to support his doctrine of the will by putting forward corroborative scientific evidence from independent sources. It is still a work of interest, although arguably it does not stand very well on its own apart from *The World as Will and Representation*. However, in 1838 and 1839 Schopenhauer entered for two essay competitions set by the Norwegian Royal Scientific Society and its Danish counterpart, and the two occasions produced a pair of fine self-standing essays, *On the Freedom of the Will* and *On the Basis of Morality*, which were published together in 1841 under the title *The Two Fundamental Problems of Ethics*. In terms of doctrine these pieces are not radical departures from his earlier work, but both are well-constructed and persuasive pieces in which local parts of the grand design are presented with clarity. They can readily be recommended to a student of ethics today. In the essay on freedom Schopenhauer presents a convincing case for determinism, only to say, as some more recent philosophers have, that the deeper issues of freedom and responsibility are scarcely resolved thereby. This essay was rewarded with a gold medal by the Norwegians.

3. Schopenhauer: miniature portrait by Karl Ludwig Kaaz, 1809

The second essay, part of which is a thorough criticism of Kant's ethics, suffered a different fate in Denmark: despite its being the only entry, the Royal Society refused to award it a prize. It had not, they judged, successfully answered the question set – and they took exception to the 'unseemly' manner in which a number of recent philosophers of distinction had been referred to. Who did they mean? asked Schopenhauer in his Preface to the essays: Fichte and Hegel! Are these men the *summi philosophi* one is not allowed to insult? It is true that Schopenhauer had not been playing the conventional game of academic politeness, but now he seizes the chance to let rip with all the means at his command. He produces an escalating series of allegations about the emptiness and confusion of Hegel's philosophy, throwing in a picturesque quote from Homer about the chimera, which is a compound of many beasts, and ending

> Further, if I were to say that this *summus philosophus* of the Danish Academy scribbled nonsense quite unlike any mortal before him, so that whoever could read his most eulogized work, the so-called *Phenomenology of Mind*, without feeling as if he were in a madhouse, would qualify as an inmate for Bedlam, I should be no less right. (*B*, 16)

In 1844 a second volume of *The World as Will and Representation* was published along with a new edition of the first volume. Schopenhauer was wise in not trying to rewrite his youthful work. What he provides instead is a substantial elaboration of the original, clarifying and extending it with the benefit of mature reflection. The second volume is actually longer than the first, and the two combine well to produce a single work. They were published together again in a third edition in 1859, the year before he died. Schopenhauer's final new publication was another two-volume book, entitled *Parerga and Paralipomena*, which appeared in 1851. The imposing title means 'complementary works and matters omitted', and the contents range from extended philosophical essays to the more popular 'Aphorisms on the Wisdom of Life', which have often been published separately. Somewhat strangely, it was this late work, which was reviewed favourably first in England, that led to Schopenhauer's becoming well known. There was demand for new editions of his writings, and he even became a topic for German university courses. He received many visitors, and much correspondence, including the complete libretto of *The Ring of the Nibelung* from an ardent fan, Richard Wagner, of whose music, incidentally, he did not think very highly. In the first fifty years after his death Schopenhauer was to become one of the most influential writers of Europe. Though he made no claim to be a poet, the verses which came to stand at the very end of *Parerga and Paralipomena* (*P2*, 658) are no doubt an honest reflection of what he felt in his last years:

1856

Finale

I now stand weary at the end of the road;
The jaded brow can hardly bear the laurel.
And yet I gladly see what I have done,
Ever undaunted by what others say.

4. Schopenhauer: photograph by Johann Schäfer, April 1859

Chapter 2
Within and beyond appearance

Appearance and thing in itself

Schopenhauer's philosophical thinking is easiest to grasp if one first sees the backbone that runs right through it. This is the distinction, which he found in Kant, between appearance and thing in itself. The world of appearance consists of things as we know them by the ordinary means of sense experience and scientific investigation, in other words the empirical world. Appearance is not to be understood as straightforward illusion: the things that meet us in our empirical knowledge are not hallucinations, but to use the Greek word for appearances, they are the phenomena that make up the world. However, there is still the question whether the whole world consists only of these phenomena. Should we regard 'what there is' as being exhausted by our empirical knowledge? We can at least conceive of a reality independent of what we could experience, and this is what Kant meant by talking of things 'in themselves'.

Kant's achievement was to show that knowledge was limited: we could never know how the world was in itself, only how it could appear to us, as scientists or ordinary perceivers. The pretensions of traditional metaphysicians to know about God, the immortality of the soul, or a supernatural order pervading the whole universe were therefore doomed. According to Schopenhauer's assessment (in his 'Critique of the Kantian Philosophy' [Appendix to *W1*, 417–25]), Kant had added to this destructive achievement two others that were more positive. The first was the idea that the world of appearance had fundamental and necessary organizing principles which could be discovered. The second was the view that ethics could be separated off from the sphere of appearance, and was not knowledge in the way that science was: when considering ourselves as beings who must act and judge things to be right or wrong, we were not dealing with how matters lay in the empirical world.

First, let us take the idea that appearance, the world as we know it, has a necessary structure. Kant thought that the world of appearance must occupy space and time. It is obviously hard to imagine there not being space or time, but Kant went further and argued that without them there could not be a knowable world at all. A similar point applies to cause and effect, and to the principle that things can endure unchanged through time. The rules of the empirical world are that it must contain enduring things, arranged in space and time, and having systematic effects upon one another. Nothing else, Kant argued, could ever count as an empirical world that we could know. However, his most startling claim is that all these rules are not present in the world as it is in itself. They are all rules simply about how the world must be *if* we are to be able to experience it. So space and time, cause and effect, relate only to the way in which things have to appear to us. Take away the experiencing subject, and none of the world's structure would remain.

The second positive point from Kant concerns our view of ourselves. As well as trying to understand the world, we are called upon to act and make decisions, and these will ultimately be governed by questions of morality. Kant argues that morality can work only if each of us conceives himself or herself purely as a rational being, who is constrained by duty, and has freedom to choose the principles on which he or she will act. No kind of empirical investigation could reveal us to be such purely rational, free beings: if you like, there are no such things in the physical world.

Nevertheless, it is a conception of ourselves which we must have. So, even though my knowledge is limited to the empirical world, I cannot ever believe that what I am is limited in the same way. Kant's idea, simply put, is that I must think that *in myself*, beyond appearances, I am a free and purely rational agent.

Now when Schopenhauer came across the Kantian philosophy as a student at Göttingen, he found it convincing, but incomplete. He embraced the distinction between appearance and thing in itself. On the appearance side, he wanted to modify Kant's views, but was happy to agree that the empirical world did not exist in itself, and was given its structure by rules of space, time, and causality imposed by us. It was, however, on the side of the thing in itself that he felt Kant had fudged his account. What is the world really, in itself? And what am I? This was the double riddle which Kant had left by distinguishing appearance from thing in itself, and claiming that it was only of appearances that one could have knowledge. The conception of the thing in itself gave rise to other philosophical problems which had been much discussed in the German academic world. Both Schopenhauer's first teacher, Schulze, and Fichte, whose lectures he heard in Berlin, were prominent in the debate. In presenting his solution to the riddle, claiming that the thing in itself, both in the world and in the microcosm of the human being, was *will*, Schopenhauer was addressing a burning problem of the day, and to some extent trading on a familiar post-Kantian idea.

The better consciousness

At the beginning, the young Schopenhauer was reading not only Kant, but also Plato, and here he encountered another way of understanding the difference between what appears and what 'really is'. What 'really is' for Plato is a set of unchanging entities called Ideas or Forms. Individual things are imperfect, they come and go, but this does not affect the fundamental order in the universe, which is constituted by absolute and eternal Forms. Plato thought that the greatest achievement for humanity would be to gain an understanding of these eternal Forms, such as Justice itself, Goodness itself, and Beauty itself. The human soul would be elevated to a plane where it transcended the limitations of mere opinion and mortal appetite, gained an apprehension of absolute standards of value, and achieved a release from conflict and suffering. At a crucial phase in his development Schopenhauer succumbed to this vision. Even though the Kantian thing in itself was supposed to be beyond the limits of human knowledge, while Plato's Ideas were the objects of knowledge *par excellence*, Schopenhauer conflated what the two were saying, and formed a Platonic view about what an insight into the thing in itself beyond appearance would be like. For many years he thought he had made an important discovery: '*Plato's Ideas* and *Kant's thing-in-itself* . . . that these two are one and the same is as unheard of as it is sure and certain' (*M1*, 377). Although he did come to see that the positions of the two great philosophers were in fact distinct, the fusion created in his mind had acquired an energy of its own. He believed that empirical consciousness, limited as it was to the phenomena of space, time, and causality, was something inferior which we should aspire to escape from, if possible. Only if there was a 'better' consciousness could human beings find anything that was of true value.

The term 'better consciousness' appears only in Schopenhauer's earliest unpublished manuscripts. It was not a very well-focused concept, and he abandoned it. But his later ideas about the value of art and about resigned detachment from life are continuous with his early view. In 1813, for example, he wrote the following in his notebooks:

> As soon as we *objectively consider, i.e. contemplate* the things of the world, then for the moment *subjectivity* and thus the source of all misery has vanished. We are free and the consciousness of the material world of the senses stands before us as something strange and foreign which no longer wears us down. Also we are no longer involved in considering the nexus of space, time and causality (useful for our individuality), but see

> the Platonic Idea of the object . . . This liberation from temporal consciousness leaves the better eternal consciousness behind. (*M1*, 50)

Ordinary consciousness is seen as something to which 'misery' attaches; if only we can break the Kantian rules that limit knowledge to appearance, we shall enter into a realm in which both we ourselves and the objects of our direct 'contemplation' are timeless. This 'liberation' Schopenhauer thinks may be found in art, and in the attitude to the world which he calls that of the 'saint'. Both the artistic genius and the saint supposedly contemplate reality from a standpoint which transcends ordinary empirical understanding. Many recent commentators have played down the influence of Plato, and treated Schopenhauer as a rather unorthodox Kantian. But the 'better consciousness' is dramatically un-Kantian; Schopenhauer's own assessment that Kant and Plato were united in his philosophy is nearer the mark, even if the two make themselves felt in quite different ways.

In fact, Schopenhauer was prone to cite three influences: 'I do not believe my doctrine could have come about before the Upanishads, Plato and Kant could cast their rays simultaneously into the mind of one man' (*M1*, 467). What of the third influence? Schopenhauer's knowledge of Plato and Kant, and his notion of the 'better consciousness', were already formed when he encountered the Upanishads, the sacred Hindu writings which he acquired in 1814 (in a Latin version taken from the Persian and entitled *Oupnek'hat)* and which he described in his late years as 'the consolation of my life' (*P2*, 397). We may note two principal ideas which impressed Schopenhauer in the Hindu writings he studied: one is Mâyâ or illusion, the other the identity of the individual with the world as a whole, embodied in the powerful Sanskrit saying '*tat tvam asi*' ('this art thou'). Schopenhauer often refers to our ordinary experience as not penetrating the 'veil of *Mâyâ*'. This is not the common sceptical thought that we cannot trust our senses to tell us about the material world, but rather the idea that the material world of our experience is not something eternal, and not something we should ultimately put our trust in. Schopenhauer thinks that the world of material things which we experience and can investigate in science must be cast aside as of no genuine worth by comparison with the timeless vision open to artists and saints. The suspension, or denial, of one's complete differentiation from the rest of the world ('this art thou') will be a feature of that timeless vision. Schopenhauer had to work out how one's understanding of both the world and the self would be transformed on abandoning ordinary empirical consciousness, and what came to play a central role here was the notion of losing the sense of oneself as a separate individual. Some of his ideas have a kinship with Buddhism which he later emphasized, though the relationship here was one of convergence rather than influence (*W2*, 169).

The Fourfold Root

While all these thoughts began to form, Schopenhauer set himself to write his doctoral dissertation, *On the Fourfold Root of the Principle of Sufficient Reason*. In it he makes no mention of the 'better consciousness', and deals simply with the principles governing ordinary experience and reasoning. He was obviously satisfied with the answers he reached, since he later retained them substantially unchanged, and frequently refers back to the dissertation. The fact that he produced an expanded version of the dissertation in 1847 confirms his statement that it is to be considered part of his complete system of thought. The text of *The Fourfold Root* we usually read today is this later version.

Schopenhauer begins *The Fourfold Root* with the single principle of sufficient reason which was the stock-in-trade of the eighteenth-century academic tradition associated with Leibniz and Christian Wolff. The principle states simply: 'Nothing is without a ground or reason why it is' (*R*, 6). Nothing is self-standing; everything is in relation to something else which is the reason for its being, or the explanation of it. However, there are, according to Schopenhauer, four distinct ways in which something may relate to a ground or reason, associated with four different kinds of explanation, which, he claims, none of his predecessors has clearly distinguished. The most familiar kind are causal or physical explanations, where we explain one event or state in terms of its relation to another which caused it. Then there are cases where we explain why some judgement is true by relating it to the grounds for its truth, such as an empirical observation or another truth from which it can be inferred. Thirdly, there are mathematical explanations – in which we explain, for example, why a triangle has the properties it does. Finally, there is explanation of what people do. We explain actions by relation to motives, which are their reasons, or causes, or both. In all these cases we are dealing with relations imposed by the mind, Schopenhauer thinks, and in each case the relation is one of necessity. Hence, in his terms, there are physical necessity, logical necessity, mathematical necessity, and moral necessity. Once we understand what the mind is doing when it operates with these relationships, we will have understood the forms that all explanation takes, and hence the true significance of the principle of sufficient reason. Let us deal with the four kinds of relation in turn.

By far the most substantial section of *The Fourfold Root* is devoted to the principle of causal explanation. An obvious class of objects the mind can grasp is that of the particular perceptible things that occupy space and time, and make up empirical reality. Space and time, as we saw, provide the basic structure of empirical reality. But space and time are not perceivable; what we can perceive is what fills space and time, and that, for Schopenhauer, is simply matter (*R*, 46). Were there not both time and space, there could be neither distinct material things nor change, and so nothing for causality to apply to. Now the principle of causality states that every change in the world of material things must have a cause, or, as Schopenhauer puts it, 'every state that appears must have ensued or resulted from a change that preceded it' (*R*, 53). The principle allows of no exceptions: what we usually call the cause of some event is merely a particular change that preceded it, but that change must itself have ensued from some previous changes, and so on. By ensuing,

Schopenhauer means following regularly, or 'as often as the first state exists'. Cause and effect are related in such a way that, if the first occurs, the second cannot but occur. This relation is seen as one of necessity.

Schopenhauer has a simple, uncluttered view about the nature of empirical reality. Individual material things exist in space and time. A material thing is something capable of interacting causally with other material things. And every change that occurs to a material thing is the necessary result of some preceding change that occurs to a material thing. One complication, however, is that Schopenhauer is not a realist about material things, but an idealist: that is, material things would not exist, for him, without the mind. He holds, with Kant, that the whole structure we have just described exists only as something presented to us as subjects, not in itself. When Schopenhauer says that empirical things in space and time are objects, he means that they are *objects for* a *subject*. 'Object' in his parlance means something met with in experience, or in the subject's consciousness. Space and time are the fundamental forms brought to experience by us. So the material occupants of space and time would not exist if it were not for the subject, and the causal connections which obtain between the states of material things are connections which we, as subjects, impose.

In Schopenhauer's account of perception, the human intellect 'creates' the world of ordinary material things (*R*, 75), and does so by applying the principle of cause and effect to sensations received by our bodily senses. We apprehend some change in our bodily state. The intellect then applies the principle of causality, and projects as cause of the sensation a material object 'outside' in space – and this projection is the object which we say we perceive. Thus the principle of causality is doubly important to Schopenhauer: it not only governs all interaction between material things, but is responsible for our construction of those very material things in the first place. The account has a certain ingenuity, but is troubling. For one thing, where do bodily sensations come from? They must surely be originally caused in the body by something prior to the operation of the intellect, but Schopenhauer does not discuss what that prior cause might be. Secondly, how do we apprehend the initial sensation? It cannot be that the mind perceives the sensation as a change in a material thing (the body), and yet if it does not do so, why is the principle of causality, which governs changes of material things, called into operation at all?

Schopenhauer's second class of objects for the mind is made up of *concepts*. Concepts are, for Schopenhauer, mental representations which are by nature secondary: he calls them 'representations of representations'. The basic representations are experiences of things in the material world, such as a particular tree; the concept *tree* is, by contrast, a general representation formed to stand for many such objects, by leaving out the detailed elements of what is experienced in each case. Schopenhauer is fond of emphasizing that concepts are always at least one step removed from direct experience, for which he uses the Kantian term *Anschauung* (intuition or perception). He thinks that a concept, to be of much use to us, must always be capable of being cashed out in terms of experience. Concepts such as *being*, *essence*, or *thing*, have the least cash value in these terms (*R*, 147, 155). As we shall see, Schopenhauer also takes the view that in some areas, such as art and ethics, abstract conceptual thinking can actually stand in the way of genuine insight.

Nevertheless, possession of concepts is a distinctively human characteristic for Schopenhauer, raising us above the consciousness of which other animals are capable. Other creatures, in his view, can have a perception of material things existing in space and time, much as we do – in a remarkable passage he laments the fact that 'in the West where [man's] skin has turned white' we have ceased to acknowledge our kinship with animals whom we demean as 'beasts or brutes' (*R*, 146). But the other animals do lack conceptual representations, and so lack the ability to make judgements, to reason, to have a language, or

5. Schopenhauer: portrait by Ludwig Sigismund Ruhl, around 1818

an understanding of past and future. Thinking, or making judgements, is the fundamental function of concepts. Schopenhauer calls a judgement a combination or relationship of concepts, though he is not very clear about what this relationship involves. He is more interested in the idea that a judgement can express knowledge, and it is here that the principle of sufficient reason comes in again. 'If a judgement is to express a piece of *knowledge*, it must have a sufficient ground or reason; by virtue of this quality, it then receives the predicate *true. Truth* is therefore the reference of a judgement to something different therefrom' (*R*, 156). It is a familiar thought that a judgement amounts to knowledge if it is true and sufficiently grounded in something outside itself. Schopenhauer's brief remarks appear to make no distinction between a judgement's having a sufficient ground and its being true. Whether he would accept a notion of truth as correspondence with the way things are, independently of grounds for judging them to be so, remains obscure.

What Schopenhauer succeeds in establishing is that true judgements may be grounded in quite different ways. They may be grounded in another judgement, as when we argue, conclude, or infer (*R*, 157–8) from one truth to another. They may, on the other hand, be 'empirical truths', grounded not in another judgement, but in experience. For example, our judgement 'There is snow on the trees' may have its justification in the evidence of our senses. On the other hand in the syllogism 'There is snow on the trees. Snow is a white substance. Therefore, there is a white substance on the trees.' the truth of the final judgement is grounded simply in the truths of the two premisses. Schopenhauer calls this a 'logical' or 'formal' truth, meaning simply one whose ground is based on deduction, rather than observation. There are two other kinds of truth in his account, which he calls transcendental truth and metalogical truth. These occur respectively when a judgement is founded on the conditions of experience or on the conditions of thought in general. A notable transcendental truth is 'Nothing happens without a cause', which is neither grounded in observation nor on deduction from any other truths, but is an underlying principle on which all experience is based. (Schopenhauer is here following Kant closely.) Metalogical truths are supposedly a kind of judgement where, if we try to go against them, we cease to be able to think properly at all. One example Schopenhauer gives is 'No predicate can be simultaneously attributed and denied to a subject': we cannot think, for example, 'Snow is and is not white.' The principle of sufficient reason itself is a truth of this kind, Schopenhauer claims, though in some of its guises, especially the principle of causality, it appears as a transcendental truth (*R*, 162).

Schopenhauer's third class of objects in *The Fourfold Root* is made up simply of space and time. Once again, we are close to Kant, who thought that we can have knowledge not only of the particular things that fill space and time, but of the basic properties of space and time as such. Geometry and arithmetic, on this view, are bodies of knowledge concerning position in space and succession in time, but they are neither scientific empirical knowledge, nor a matter of mere logical deduction. With this view of geometry and arithmetic, which would now be disputed, Kant arrived at the idea that we must be able to grasp space and time in a pure, non-empirical way in our minds. Schopenhauer follows suit, and produces his third form of the principle of sufficient reason. The relation between a triangle's having three sides and its having three angles, for example, is that the one is grounded in, is a sufficient reason for, the other. But, Schopenhauer argues, this relation is not that between cause and effect, and is not that between a piece of knowledge and its justification either. We must distinguish not only the ground of becoming (change grounded in causes) and the ground of knowing (knowledge-claims grounded in justifications), but also the ground of being. If we say that a triangle has three angles because it has three sides, the ground we are referring to is simply the way that space, or one facet of it, is.

The final form of the principle of sufficient reason has application to only a single object for each subject. Each of us can be aware of himself or herself as a subject of will. We experience our own states of wanting and making decisions, and can always ask 'why?' (*R*, 212). Our willing, we assume, is preceded by something which is its ground, and which explains our action or decision. This prior something is what Schopenhauer calls a *motive*, and the principle in operation is what he terms the 'law of motivation', or the principle of the sufficient reason of acting. It states simply that every act of will can be explained as ensuing from some motive. The connection between motive and act of will is one of cause and effect, the same as holds universally for changes in the material world. Motivation is thus, as Schopenhauer puts it, 'causality seen from within' (*R*, 214).

The limits of sufficient reason

The Fourfold Root is a remarkable sustained attempt to separate different forms of explanation which the tradition before Schopenhauer had not always distinguished. We may certainly sympathize with his request that henceforth 'every philosopher, who in his speculations bases a conclusion on the principle of sufficient reason or ground, or indeed speaks of a ground at all, should be required to state what kind of ground he means' (*R*, 233). However, clarifying the framework which governs our experience and reasoning was only one part of Schopenhauer's task. He remarks in the enlarged edition of 1847 that none of the relationships he has dealt with applies beyond the phenomena out of which our experience is composed: the principle of sufficient reason would not apply in any of its forms to the world considered as thing in itself (*R*, 232–3). He also reminds us that 'the sublime Plato' degrades phenomenal reality to what is 'always only arising and passing away, but never really and truly existing' (*R*, 232).

In his 1813 notebooks Schopenhauer returned to his task of revealing what lay beyond all these subject-imposed modes of connection. Now something of great importance occurred: as he proceeded in his investigations, it became clear that revealing the nature of the thing in itself and clarifying the 'better' Platonic consciousness were two distinct enterprises. The thing in itself was a hidden essence working away underneath the order we imposed on the objects of our experience. It was also his own inner nature, something in him that drove him on – it was the world, as it were, surging up within him. To this hidden nature he gave the name will, and with it he now associated the 'misery' which ordinary life had to offer. By contrast, if only he could cease *being* this will, and cease imposing all subjective forms of connection, the same world would take on a wholly different aspect, revealing itself spread out before him in timeless objective glory as a panoply of Platonic Ideas. Schopenhauer's philosophy really took shape once he attained this distinction between thing in itself (will) and Platonic Ideas: the first the murky reality underlying the empirical world in which the individual toils and tries to understand the connections of things, the other an exceptional vision to aspire to, of all connections undone and a brighter reality contemplated without striving and pain.

Chapter 3
The world as will and representation

Schopenhauer's greatest work, *The World as Will and Representation*, is divided into four books, with a long appendix on Kant's philosophy in Volume I. Each of the four books sets out a distinct movement of thought. The first presents the world as representation, or as it is for our experience. The second book adds that this same world (and we ourselves within it) must be viewed under another aspect, as will. We called the appearance/thing in itself distinction the backbone of Schopenhauer's philosophy: now 'the world as representation' is what falls on the 'appearance' side of this line, while 'the world as will' is the thing in itself. But then in Book 3 aesthetic contemplation emerges as a cessation of willing in the individual, which transforms the world of objects into a timeless reality of Ideas, and finally Book 4 intensifies Schopenhauer's pessimistic view of the ordinary life of desire and action, and advocates an abolition of the will within oneself as the path to what is ethically good, and ultimately to a kind of resigned mystical salvation.

Representation

In its first aspect, then, the world is representation. The world, in other words, is what presents itself in a subject's experience. (A more old-fashioned translation of the German *Vorstellung* gives us 'the world as idea' – but to retain this could be misleading because of Schopenhauer's use of *Idee* for a Platonic Idea elsewhere in the system.) Schopenhauer begins by expounding an idealist position. This is the view that the material objects which we experience depend for their order and their existence on the knowing subject. He calls his position transcendental idealism, which is Kant's term, but he also emphasizes his continuity with Berkeley, as he sees in the latter's doctrine that 'to be is to be perceived' the initial glimmer of the truth in idealism – Kant's contribution being to explain how what is perceived constitutes a world of objects when it is governed by the necessary rules of space, time, and causality. Schopenhauer's account of the world of empirical things is what it was in *The Fourfold Root:* empirical things consist of matter, which fills distinct portions of space and time, and which is in causal interaction with other such portions. But his idealism says that without the subject of experience, all such objects would not exist.

To be more specific, it is *individual* things that would not exist without the experiencing subject. What we experience in the ordinary course of our lives are distinct things. One table is an individual distinct from another, one animal or person likewise. But what is the principle on which this division of the world into individual things works? Schopenhauer has a very clear and plausible answer: location in space and time. Two tables are distinct individuals because they occupy distinct portions of space, or of time, or of both. Now if you take this view, and also think, with Kant, that the organizing of things under the structure of space and time stems from the subject, and applies only to the world of phenomena, not to the world as it is in itself, then you will conclude that individuals do not exist in the world as it is in itself. The world would not be broken up into individual things, if it were not for the space and time which we, as subjects, impose. Here then are two important tenets of Schopenhauer's philosophy. Space and time are the principle of individuation, or in his favoured Latin version, the *principium individuationis*; and there can be no individuals on the 'in itself' side of the line.

Schopenhauer has four main arguments for idealism. One alleges that we cannot imagine anything which exists outside our own minds, because 'what we are imagining at that moment is . . . nothing but just the process in the intellect of a knowing being' (*W2*, 5). This is reminiscent of a controversial argument attempted by Berkeley, who thought that an unperceived tree could not be imagined. Schopenhauer's use of the argument is not very convincing, however, because even though *my imagining* a world independent of my mind does presuppose my own mind, the existence of what I imagine – a world independent of my mind – does not. A second argument is the claim that idealism is the only viable alternative to scepticism. Scepticism maintains that we can have no certain knowledge about the existence or nature of material things, because all that we can be certain of is what falls within our own consciousness. If you deny idealism (the argument runs) and think that the world of material things has to exist wholly outside a subject's consciousness, then you will have to admit that scepticism wins the day, and that we can never have certain knowledge about a world of material things. If we wish to preserve our entitlement to *knowledge* concerning the world of things that occupy space and time and follow causal laws, the solution is to accept that they do not lie outside our consciousness.

Schopenhauer's third argument adds to this by suggesting that realism – the alternative to idealism – saddles itself with two 'worlds', one of which is redundant:

> According to realism, the world is supposed to exist, as we know it, independently of this knowledge. Now let us once remove from it all knowing beings, and thus leave behind only inorganic and vegetable nature. Rock, tree, and brook are there, and the blue sky . . . But then let us subsequently put into the world a knowing being. That world then presents itself *once more* in his brain . . . Thus to the *first* world a *second* has been added, which, although completely separated from the first, resembles it to a nicety . . . . All this proves absurd enough, and thus

> leads to the conviction that that absolutely *objective* world outside the head, independent of it and *prior* to all knowledge, which we at first imagined we had conceived, was already no other than the second world already known *subjectively*, the world of the representation, and that it is this alone which we are actually capable of conceiving. (*W*2, 9–10)

Schopenhauer is here in a territory littered both before and after him with debates of some complexity. The three arguments so far discussed can be found already in Berkeley. They are, however, not decisive for quite simple reasons. The realist may reply to the 'scepticism' argument by saying that if the choice is between scepticism and idealism, then scepticism is the better option. The idea that material things depend on the subject for their existence may seem too high a price to pay for a guarantee of knowledge. Also the argument only says that if we can have any certain knowledge, idealism must be preferred. One might settle for not having certain knowledge, and insist that the empirical world must nevertheless be conceived as existing independently of the subject's consciousness. To the third argument, that the world of things existing outside consciousness is redundant, the realist can reply simply that this world outside consciousness would be *the* world. It is only the idealist who wants to say that the *picture* of material things which we have in consciousness is already a world of material things. The realist does not accept this, and makes a clear distinction between the one world existing independently of us and our picture of it. However, Schopenhauer's points correspond to familiar parts of the debate, and are valuable against some opponents. A realism which said both that we can be certain only about what lies within consciousness, and that the world outside consciousness exactly resembles the picture we have built of it, would be threatened by his criticisms.

The fourth argument for idealism is the one which Schopenhauer most relies on. It rests on the concepts *subject* and *object*. The subject is that which knows or experiences, the object that which is known or experienced. The world of representation, for Schopenhauer, requires both. He makes two large claims: first, that nothing can be both object and subject; secondly that there can never be a subject without an object, or an object without a subject. It is the last point which he takes to establish idealism, and indeed to make it something obvious. Nothing can be an object for experience without there being a subject to experience it or think about it. But why must we think of material objects in space and time in this way? Schopenhauer would argue that the point of calling them objects is to indicate that they can and do fall within our experience. But then he also requires us to believe that whatever we can experience must exist only in relation to our experiencing it. This simple principle is central to Schopenhauer's position. Because of it, he does not think that idealism can be seriously doubted, once one properly understands it. But it is surely a questionable principle.

A fair proportion of Book I of *The World as Will and Representation* is devoted to the distinction between perception and conceptual reasoning. As we saw in the previous chapter, Schopenhauer thinks that we share our perceptual abilities with other animals, but that concepts and reasoning are what mark us out from them. Perceiving the world is the business of what he calls intellect or understanding, and he suggests that conceptual thinking and judgement play no part in this. On the other hand, manipulating concepts to form judgements, relating judgements to one another as premiss and conclusion, and so on, is the business of what he calls reason. By playing down the significance of reason and treating concepts as more or less faint abstractions out of direct experience or intuition, Schopenhauer paves the way for a close assimilation between the human mind and that of other living creatures.

Will

As we cross from the First Book into the Second, a sudden reversal takes place. This focuses on a key question. In the world as representation, what am I? The world spreads out before me, containing individual material things in space and time which change according to causal laws – but I myself am just the subject which is distinct from every object that it experiences, including that object which I call my body. Something is missing. I seem to be 'a winged cherub without a body' (*W1*, 99), the world confronting me as something alien to which I do not belong.

> For the purely knowing subject as such, this body is a representation like any other, an object among objects. Its movements and actions are so far known to him in just the same way as the changes of all other objects of perception; and they would be equally strange and incomprehensible to him, if their meaning were not unravelled for him in an entirely different way. Otherwise, he would see his conduct follow on presented motives with the constancy of a law of nature, just as the changes of other objects follow upon causes, stimuli, and motives. But he would be no nearer to understanding the influence of the motives than he is to understanding the connexion with its cause of any other effect that appears before him. (*W1*, 99–100)

Schopenhauer is generating a puzzlement in order to make us receptive to the central idea of the whole book, which is now unveiled:

> All this, however, is not the case; on the contrary, the answer to the riddle is given to the subject of knowledge appearing as an individual, and this answer is given in the word *will*. This and this alone gives him the key to his own phenomenon, reveals to him the significance and shows him the inner mechanism of his being, his actions, his movements. To the subject of knowing, who appears as an individual only through his identity with the body, this body is given in two entirely different ways. It is given in perception of the intellect as representation, as an object among objects, liable to the laws of these objects. But it is also given in a quite different way, namely as what is known immediately to everyone, and is denoted by the word *will*. (*W1*, 100)

What Schopenhauer means is that when I act (when I do something) my body moves; and my awareness of its movement is unlike my awareness of other events that I perceive. I am 'outside' other objects, or they are 'outside' me – but my own body is mine in a uniquely intimate way. This can be expressed by saying that other events are merely observed to happen, whereas movements of my body are expressions of *my will*. Schopenhauer's account of acts of will is anti-dualist. A dualist would maintain that the mental realm and the bodily realm are distinct, and that *willing* (or volition) was an event in the mental realm, while the movement of the body was something distinct that occurred in the physical realm. Schopenhauer denies this:

> The act of will and the action of the body are not two different states objectively known, connected by the bond of causality; they do not stand in the relation of cause and effect, but are one and the same thing, though given in two entirely different ways, first quite directly, and then in perception for the understanding. (ibid.)

Wanting, striving, and trying are to be seen as things that we do with our bodies, not as events that occur in detachment from our bodies. They manifest themselves in physical reality, but also retain an 'inner' aspect, because each of us knows what he or she strives for, in a direct, non-observational way. Thus what Schopenhauer calls the 'action of the body' is neither in a wholly mental or a wholly physical realm, but is one single occurrence which presents two aspects: we each have 'inner' awareness of something that is also part of the ordinary empirical world, and can be observed as such.

This account of acts of will is a decisive step for Schopenhauer, since it places the human subject firmly within the material world. If striving towards ends is setting the body in motion, then, while we will, we are rooted in the world of objects. Schopenhauer thus cannot conceive of a subject of will as being anything other than bodily. He also makes the converse claim that our bodily existence is nothing other than willing.

Whenever we undergo feelings of fear or desire, attraction or repulsion, whenever the body itself behaves according to the various unconscious functions of nourishment, reproduction, or survival, Schopenhauer discerns will manifesting itself – but in a new and extended sense. What he wants to show is that ordinary conscious willing is no different in its basic nature from the many other processes which set the body, or parts of it, in motion. Admittedly, willing to act involves conscious thinking – it involves the body's being caused to move by motives in the intellect – but it is, for Schopenhauer, not different in principle from the beating of the heart, the activation of the saliva glands, or the arousal of the sexual organs. All can be seen as an individual organism manifesting will, in Schopenhauer's sense. The body itself is will; more specifically, it is a manifestation of will to life (*Wille zum Leben*), a kind of blind striving, at a level beneath that of conscious thought and action, which is directed towards the preservation of life, and towards engendering life anew.

This interesting idea is wrapped up in the much wider claim that the whole world in itself is will. Just as my body's movements have an inner aspect not revealed in objective experience, so does the rest of the world. Schopenhauer seeks an account which makes all fundamental forces in nature homogeneous, and thinks that science is inherently unsatisfying because it always tails off without explaining the essence or hidden inner character of the phenomena whose behaviour it accounts for. His unifying account of nature is that all natural processes are a manifestation of will. This is likely at first sight to be dismissed as fanciful – but we should heed Schopenhauer's warning that he is vastly extending the concept 'will':

> hitherto the identity of the inner essence of any striving and operating force in nature with the will has not been recognized, and therefore the many kinds of phenomena that are only different species of the same genus were not regarded as such . . . Consequently, no word could exist to denote the concept of this genus. I therefore name the genus after its

most important species, the direct knowledge of which lies nearest to us, and leads to the indirect knowledge of all the others. But anyone who is incapable of carrying out the required extension of the concept will remain involved in a permanent misunderstanding. (*W1*, 111)

So we must not transfer 'will' simple-mindedly from human actions to the whole of nature. It serves only as the most convenient term where none yet exists. Nevertheless, this aspect of Schopenhauer's philosophy is puzzling. What is the 'required extension' of the concept? Perhaps it is an extension of sense: if 'will' is now to have a new meaning, this might save Schopenhauer from claiming something ridiculous. But this line should not be taken too far. Schopenhauer insists that 'will' is not interchangeable with 'force', for example (*W1*, 111–12), and that the issue is not a mere 'dispute about words'. In saying that all processes are will, 'we have in fact referred something more unknown to something infinitely better known, indeed to the one thing really known to us immediately and completely' (*W1*, 112). To subsume willing under force (or energy, which has also been suggested) is not Schopenhauer's intention. The global doctrine of will can tell us something informative only because we have some grasp of what willing is from our own actions. An alternative interpretation is that Schopenhauer is keeping the sense of 'will' fixed, and simply widening the range of phenomena that it refers to. He does say that in mechanics '*seeking* shows itself as gravitation, . . . *fleeing* as reception of motion' and similar things (*W2*, 298); he is prepared to speak in remarkable terms of 'the powerful, irresistible impulse with which masses of water rush downwards, the persistence and determination with which the magnet always turns back to the North Pole, the keen desire with which iron flies to the magnet' (*W1*, 117–18). How are we to take this? If meant literally, it is merely embarrassing. But perhaps he is doing something more subtle here, and attempting to teach us our own kinship with nature by rhetorical means: the behaviour of the inorganic world is to an extent '*like* the vehemence of human desires' and so 'it will not cost us a great effort of the imagination to recognize once more our own inner nature, even at so great a distance'. This is not to say that iron really desires anything, or that water rushes because it wants to.

What we usually call willing is supposed to be a clear guide to the way the world is. So 'will' must still be understood in terms of its application to human actions; however, we must enlarge its sense at least far enough to avoid the barbarity of thinking that every process in the world has a mind, a consciousness, or a purpose behind it. For the most part, Schopenhauer assures us, the world operates blindly and 'in a dull, one-sided, and unalterable manner' – and the same is even true of many manifestations of the will within each human individual. The following passage states Schopenhauer's view as clearly as any:

> only the *will* is *thing in itself* . . . It is that of which all representation, all object, is the phenomenon, the visibility, the *objectivity*. It is the innermost essence, the kernel, of every particular thing and also of the whole. It appears in every blindly acting force of nature, and also in the deliberate conduct of man, and the great difference between the two concerns only the degree of the manifestation, not the inner nature of what is manifested. (*W1*, 110)

This surely means that every force in nature, those that involve conscious purpose and those that do not, must be understood as some form of striving or end-seeking, even if in highly attenuated form.

Two more peculiarities of this doctrine should be noted. First, if the will is the thing in itself, it is not something occupying space and time. Space and time are merely the subject-imposed structure of the world as representation, and the thing in itself is what remains when the world as representation is thought away. Given Schopenhauer's idea that space and time are the principle of individuation, the thing in itself cannot be split up into separate individuals. Beyond representation, space, and time, it is simply the world as a whole that is to be conceived as will. Secondly, there can be no causal interaction between the will, as

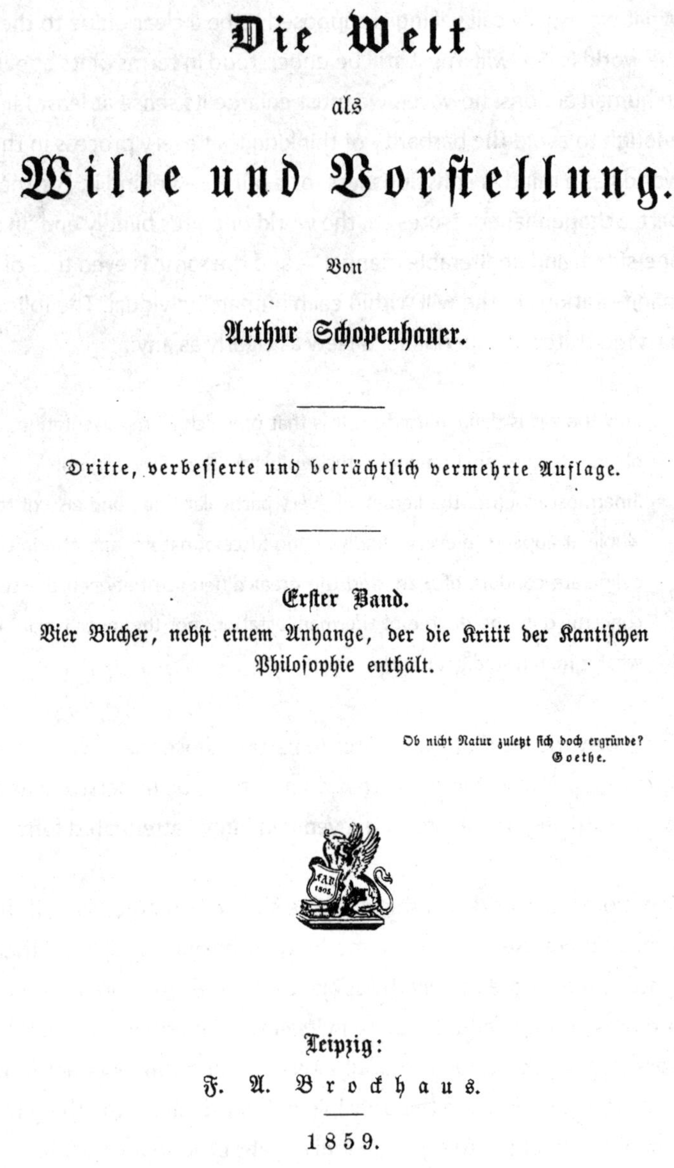

Die Welt

als

Wille und Vorstellung.

Von

Arthur Schopenhauer.

Dritte, verbesserte und beträchtlich vermehrte Auflage.

Erster Band.

Vier Bücher, nebst einem Anhange, der die Kritik der Kantischen Philosophie enthält.

Ob nicht Natur zuletzt sich doch ergründe?
Goethe.

Leipzig:

F. A. Brockhaus.

1859.

6. Title page of *The World as Will and Representation*

thing in itself, and events in the ordinary empirical world. Causality too is something which operates only at the level of empirical changes occurring to individual material things, not at the level of the thing in itself. Kant seemed to require that the thing in itself could impinge upon us causally, rather like some empirical object, and Schopenhauer was well aware that this claim was the stumbling-block of Kantianism for many of his contemporaries. Schopenhauer himself avoids the problem, and never claims that the will as thing in itself is a cause. But then what is the relationship between the world in itself and the things and events that lie within our empirical knowledge? Schopenhauer talks sometimes of the will's 'manifestation' in empirical reality, but his preferred term is 'objectification'. This means just that the world shows to us the side of it which we can experience. We have to think of the single will and its objectification in a multitude of phenomena as two sides of a coin, two aspects of the same world.

A big problem here concerns the knowability of the thing in itself. Schopenhauer's doctrine of the will is metaphysical. Metaphysics, for him, gives an account of the fundamental nature of reality, but uses the data of experience as the only possible guide: 'the solution to the riddle of the world must come from an understanding of the world itself . . . the task of metaphysics is not to pass over experience in which the world exists, but to understand it thoroughly, since inner and outer experience are certainly the principal source of all knowledge' (*W1*, 428). Strictly speaking, our knowledge reaches only as far as the phenomena of inner and outer experience. So we do not – cannot – know the bare thing in itself. When I am conscious of my own willing in action, what I know is a phenomenal manifestation of the will, not the thing in itself. Nevertheless, it is this knowledge of my own willing which is to provide the key to knowing the nature of the whole world in itself. How?

As we saw, Schopenhauer sets up a contrast between experience of the world of material objects and 'immediate' awareness of one's own willing. Sometimes he writes as if the latter amounted to knowledge of the thing in itself directly: 'my body is the only object of which I know not merely the one side, that of the representation, but also the other, that is called *will*' (*W1*, 125); 'Everyone finds himself to be this will, in which the inner nature of the world consists' (*W1*, 162); 'a way *from within* stands open to us to that real inner nature of things to which we cannot penetrate *from without*' (*W2*, 195). This may suggest direct cognitive contact with the thing in itself inside us, and a further inference that everything in the world has a similar inner nature. But we must wonder how this can be achieved, if the thing in itself is strictly unknowable. When he is being more careful, Schopenhauer says that even the act of will which we know 'immediately' is an event in time, and is therefore part of our representation, rather than the thing in itself. Still, he says, the thing in itself, though it 'does not appear quite naked', has 'to a great extent cast off its veils' in our 'inner' awareness of action (*W2*, 197). In consciousness of our own willing we are still on this side of the divide between representation and thing in itself, but we can say that we come closer to knowledge of the thing in itself. This is still troubling, however. If knowledge of our acts of will is the nearest we get to the thing in itself, and if even here we do not know it directly, what grounds do we really have for claiming to know what it is?

As an exercise in metaphysics, Schopenhauer's doctrine of the will as thing in itself is so obviously flawed that some people have doubted whether he really means it – perhaps *will* is just a concept which explains a wide range of phenomena, and is not supposed to extend to the unknowable thing in itself? On the other hand, if that were the whole of his position, he could offer no 'solution to the riddle' in the way that he clearly intends. Given such problems, it is perhaps not surprising that his metaphysics has had few followers. Nevertheless, to stop there would be short-sighted. Schopenhauer's more restricted notion of the *will to life*, which characterizes observable aspects of human and animal behaviour, is an interesting and powerful idea. His conception of will expressing itself within humanity, and the polarity he discovers between our being governed by the will and our escaping it, enables him, as we shall see, to present large tracts of our lives in a new light. It enables him to explain thought-processes as having an organic, survival-directed function, to show the influence of unconscious drives and feelings on the intellect, to suggest that our picture of ourselves as rational individual thinkers is in some sense an illusion, to place sexuality at the core of human psychology, to account for the power of music and the value of aesthetic experience, to argue that ordinary life is inevitably unfulfilled, and to advocate the renunciation of individual desires as the route to reconciliation with our existence. It has been these applications, rather than the bald metaphysical statement that the thing in itself is will, that have had the most influence on philosophers, psychologists, and artists of later generations.

Chapter 4
Will, body, and the self

Unity of body and will

Schopenhauer's claim 'My body and my will are one' (*W1*, 102) has a number of different aspects to it. The first, as we saw, is the idea that *acts* of will are movements of the body. Schopenhauer takes a robust line on this, saying that 'every true, genuine, immediate act of the will is also at once and directly a manifest act of the body' (*W1*, 101). This would suggest, somewhat perversely, that there can be no such thing as a willing which goes unfulfilled because one's muscles or nerves do not function in the right way. (Would Schopenhauer say that stroke victims have not 'genuinely' willed, if their bodies fail to move as they want them to?) But Schopenhauer is trying to oust the traditional division between mental and physical, and to supplant it with a division between will on the one hand and intellect and reason on the other. Perception, judgement, and reasoning are all functions of what he has called representation. We observe the way a state of affairs is in the world of objects, judge that it should be altered or preserved, and form the intention to act. Schopenhauer's chief point is that none of this is yet *willing*. The operations of perception, thought, and intention are quite separate preparatory events which may trigger the will – the body, that is – into action. He plays down the gap between willing and the movements one carries out with one's body, concentrating instead on the gulf between representing the world of objects, and being in goal-seeking motion within it.

Schopenhauer's other evidence for the unity of will and the body is that almost everything that impinges on the body sets off some reaction of the will, and that conversely, when the will is aroused, there are always bodily manifestations. The list of mental states included under the heading of the will is extensive:

> all desiring, striving, wishing, demanding, longing, hoping, loving, rejoicing, jubilation, and the like, no less than not willing or resisting, all abhorring, fleeing, fearing, being angry, hating, mourning, suffering pains – in short, all emotions and passions. For these emotions and passions are weaker or stronger, violent and stormy or else quiet impulsions of one's own will, which is either restrained or unleashed, satisfied or unsatisfied. In their many variations they relate to the successful or frustrated attainment of that which is willed, to the endurance or the overcoming of that which is abhorred. Consequently, they are explicit affections of the same will which is active in decisions and actions. (*F*, 11)

Sometimes, Schopenhauer admits, when the bodily senses are affected our reaction is neutral, and does not rouse the will in any of these ways – but only rarely. For the most part, such an occurrence is to some degree painful or pleasant, welcome or irritating. Similarly, when we are in one of the mental states on Schopenhauer's list, there is usually a characteristic bodily accompaniment: the heart beats faster, the blood drains from our face or suffuses it. Thus 'every vehement and excessive movement of the will, in other words, every emotion, agitates the body and its inner workings directly and immediately' (*W1*, 101). For Schopenhauer these considerations tend to show the identity of the body with the will. They do at least suggest a close affinity between bodily existence and the empirical manifestations of willing in Schopenhauer's broader sense.

A representation in the conscious mind which causes the body to move in action is what Schopenhauer calls a *motive*. We share some kinds of motive with other animals that perceive the world. For example, behaviour in a cat which is caused by perceiving a predator or some food would be classed by Schopenhauer as willing brought about by a motive. Humans, on the other hand, are distinctive in being able to act not just on perceptual motives, but also on rational ones: representing matters conceptually, we reason ourselves to a conclusion about what to do, and this process plays a causal role in setting us into action. A cat may eat because it senses food and is hungry, a human being because doing so is judged the best course of action. But willing manifests itself in the body's movements in the same way in both cases. Different kinds of willing really differ, for Schopenhauer, only in the causes that precede them. He makes a basic distinction between three kinds of cause. These are motive, stimulus, and cause pure and simple (as found in mechanical and chemical changes).

So far 'willing' has stood for a range of mental states which have bodily manifestations, including active striving, the emotions, and feelings of pleasure and pain. But some manifestations of the will in the body are not what we should call mental states at all, and are of a kind which we share even with lowlier parts of nature. Plants behave in certain ways in reaction to light, moisture, gravity, and so on. They do not perform actions, and their movements and modifications are not caused by motives, for the simple reason that they have no minds with which to perceive. The plant's turning towards the sun is caused by a *stimulus*, rather than by a motive. Nevertheless, Schopenhauer is prepared to call such plant-behaviour a manifestation of will, because he thinks it can only be understood as goal-directed, even if there is no mind present to entertain the goal. Having located will in bodily movement, and distinguished it from representation, he sees an affinity between the plant's movement in response to stimuli and those of the cat and the human brought about by motives. It is clear that human beings and animals also respond to stimuli – the involuntary contraction of the pupil of the eye provides but one example. This occurrence, for Schopenhauer, is equally a manifestation of the will – though not an *act* of will, because it is not caused by a conscious representation of the world.

Will to life

Schopenhauer's conception of the will is not restricted to the body's episodic reactions to motives and stimuli, for he claims that 'the whole body is nothing but the objectified will' (*W1*, 100), meaning that the way in which the body grows and develops, and the way in which its parts are organized, reveal a principle of striving towards ends which is 'blindly' at work:

> Teeth, gullet, and intestinal canal are objectified hunger; the genitals are objectified sexual impulse; grasping hands and nimble feet correspond to the more indirect strivings of the will which they represent. (*W1*, 108)

What underlies and explains the body's functioning, indeed its very existence, is its being directed towards life – or what Schopenhauer calls its *will to life*. (The usual translation of *Wille zum Leben* as 'will to live' is linguistically correct, but what Schopenhauer has in mind is more inclusive; it is a striving not just to live, but also to engender life and to protect offspring. [See *W2*, 484–5.] In other words, *life*, rather than *living*, is the common end of all *Wille zum Leben*.) Schopenhauer is boldly seeking a single hypothesis to explain the ways in which all life-forms grow, function, and behave.

It is easy to think that the idea of the 'will to life' is wrongly fixated on the idea that there are purposes in nature. However, although Schopenhauer speaks of 'purposes' or 'ends' being fulfilled by behaviour patterns and the workings of particular organs, he clearly does not think that organisms entertain any conscious purposes – for the will works 'blindly':

> we see at once from the instinct and mechanical skill of animals that the will is also active where it is not guided by any knowledge . . . The one-year-old bird has no notion of the eggs for which it builds a nest; the young spider has no idea of the prey for which it spins a web; the ant-lion has no notion of the ant for which it digs a cavity for the first time. . . . Even in us the same will in many ways acts blindly; as in all those functions of our body which are not guided by knowledge, in all its vital and vegetative processes, digestion, circulation, secretion, growth, and reproduction. (*W1*, 114–15)

So, despite superficial appearances, Schopenhauer does not simply wish to understand nature in anthropomorphic terms. Although he asks us to interpret the world using concepts applied first to ourselves, the notion of the will to life has the effect of demoting humanity from any special status separate from the rest of nature. First, in our bodies, the same 'blind' force operates as throughout nature: we are organized to live and to propagate life not by any conscious act of will. Secondly, there is a close continuity between even the conscious, purposive willing of human action and the life-preserving functions and instincts at work elsewhere. In our seeking of mates and providing for offspring, we are driven by the same instincts as other animals. And Schopenhauer sees the human capacities for perception, rationality, and action as an offshoot of the same wider principle which leads insects to build nests, feathers to grow, and cells to divide. In this respect, the will to life can seem quite a forward-looking notion. Another crucial feature is Schopenhauer's steadfast opposition to anything approaching an external or divine purpose for nature. Even though it is 'a single will' which expresses itself throughout the multiplicity of phenomena, this means only that all behaviour is of the same striving or goal-directed kind. All life-forms strive towards life; but there is no coordinated purpose to nature, rather the kind of purposelessness and conflict which are usually associated with Darwinism. Schopenhauer derides those 'pantheists' and 'Spinozists' who think the world divine, but have not 'the remotest idea why the whole tragi-comedy exists' (*W2*, 357).

On the other hand, Schopenhauer does believe that the various species of animate and inanimate things in the world are eternal and static. There are not only individuals, which we happen to classify as ants, or oak trees, or magnetic fields. Rather, each individual is of a *kind*, and the kinds that can exist are fixed. Thus, while individual things come and go over time, *the ant* or *the oak tree*, as a kind, is a permanent feature of empirical reality. Schopenhauer has two ways of expressing this point, which he frequently repeats. One is to say that the will (the thing in itself) manifests or objectifies itself in a series of *grades*. The other is to say that *the ant* and *the oak tree* as such are Ideas, or as he often puts it '(Platonic) Ideas'. The most adequately objective knowledge we could have would be of the nature of these abiding forms 'fixed in the nature of things'. Such objective knowledge would not consist in knowing the thing in itself in its naked form, which is impossible, but in knowing the timeless patterns of the things that are experienceable by us.

The following passage shows quite well how Schopenhauer uses his doctrine of the will to life and his notion of the order of Ideas in nature:

> everywhere in nature we see contest, struggle, and the fluctuation of victory . . . Every grade of the will's objectification fights for the matter, the space, and the time of another . . . This universal conflict is to be seen most clearly in the animal kingdom. Animals have the vegetable kingdom for their nourishment, and within the animal kingdom again every animal is the prey and food of some other. This means that the matter in which an animal's Idea manifests itself must stand aside for the manifestation of another Idea, since every animal can maintain its own existence only by the incessant elimination of another's. Thus the will to life generally feasts on itself, and is in different forms its own nourishment, till finally the human race, because it subdues all the others, regards nature as manufactured for its own use. (*W1*, 146–7)

Intellect as an outgrowth of will

Now we come to a step in Schopenhauer's argument whose importance cannot be overestimated. He claims that all our knowledge of the empirical world is the product of the kind of organism we are. The structure of knowledge and of its objects depends on the kind of manifestation of will to life which its subject happens to be. Everything the reader was told at the outset about the world of representation, the forms of space, time, and causality which govern the objects of our experience, and the concepts and judgements which we can obtain from them by abstraction – all of this is merely a surface beneath which lurks the driving force of our nature, the will. We grow into creatures who can perceive, judge, and reason, in order to fulfil the ends of life: survival, nourishment, and reproduction. In Schopenhauer's narrative this is a marked change of fortune for the human subject. The capacity for knowledge on which we pride ourselves suddenly appears as merely a way in which a particular species manipulates the environment that impinges on it, so as to foster its well-being:

> [the intellect] is designed for comprehending those ends on the attainment of which depend individual life and its propagation. But such an intellect is by no means destined to interpret the inner essence-in-itself of things and of the world, which exists independently of the knower. (*W2*, 284)

To establish this picture, Schopenhauer has to claim not only that all biological functions are manifestations of will to life, but also that knowledge, perception, and reasoning are biological functions. This he does by espousing a particularly blunt form of materialism: states of mind are states of the brain. If, instead of regarding our processes of thought and perception from the point of view of self-consciousness, we take an 'objective' view of them, we must conclude them to be 'nothing more than the physiological function of an internal organ, the brain' (*W2*, 273). The whole world of individual objects in space and time consists only of our representations, and representations are brain-functions. So the brain, the 'pulpy mass in the skull', supports the whole world of objects – Schopenhauer's materialist account of mental states combines with his idealism to produce the claim that the empirical world of individual things is a product of the brain's functioning. For fear of saying such things, people in the past invented the notion of an immaterial soul, but Schopenhauer will have none of that:

> We say fearlessly that this pulpy mass, like every vegetable or animal part, is also an organic structure, like all its humbler relations in the inferior dwelling-place of our irrational brothers' heads, down to the humblest that scarcely apprehends. (*W*2, 273)

Finally, the brain is a biological organ, and so it cannot be exempt from Schopenhauer's doctrine of the will to life:

> the *will-to-know*, objectively perceived, is the brain, just as the *will-to-walk*, objectively perceived, is the foot; the *will-to-grasp*, the hand; the *will-to-digest*, the stomach; the *will-to-procreate*, the genitals, and so on. (*W*2, 259)

So the position is this: our capacity for knowledge of empirical objects resides in the functioning of the brain, the brain is an organ of the body, and all organs of the body have developed in order to propagate life. Our much-vaunted knowledge is thus a derivative feature of what we are; the primary element in us is the will that manifests itself in the body as a whole. Conscious actions, caused by perception of the world and reasoning about it, are merely one way in which this will in our bodies is set into motion. The individual human subject is different from other kinds of striving thing in the world only by virtue of the fact that the particular organization of his or her brain gives rise to self-consciousness and reasoning. But these capacities are only the tip of an iceberg, whose bulk is the will. Our predicament is to be driven by this will, whether we like it or not, into conflict, pain, and frustration. Schopenhauer still holds out the hope of rising above this predicament, but, as we shall see, the will within us must be suspended or turn against itself before we can exploit the capacities of our intellects to their full potential. Knowledge must eventually 'throw off its yoke, and, free from all the aims of the will, exist purely for itself, simply as a clear mirror of the world' (*W1*, 152). But for that to happen is very much an exception.

The self

What am I? Schopenhauer can say that I am an individual item in the world, a living, bodily thing of a certain species, which is capable of self-conscious thought and action. But he makes it something of a puzzle how I can think of myself in this way. In his philosophy the self is seen successively as a subject of experience and knowledge, a subject of will and action, a bodily manifestation of will to life, and a pure mirror of timeless reality. Sometimes it is as if a struggle for dominance is being waged between these different conceptions. The dichotomy between *subject* and *object*, which is the starting-point for the whole of *The World as Will and Representation*, is especially important here. As we saw, he explains that the subject is that which knows, the object that which is known by it. But this must leave us in some doubt about what a subject is.

A subject of representation is, for Schopenhauer, a single consciousness in which many diverse experiences of objects are united. Material things and conceptual thoughts are representations for the subject. But the subject itself is the 'I' that thinks and perceives, as opposed to the things thought and the things perceived. It is vital to understand that Schopenhauer's subject of representations is not any part of the world of objects. It is not a thing at all. It is not in space or time, does not interact causally with objects, is not visible, not identified with the body, or even with the individual human being. His favourite metaphorical images for it are the eye that looks out on the world but cannot see itself, and the extensionless point at which light-rays focus in a concave mirror. The subject is where experiences all converge, but it is never itself an object of experience: 'We never know it, but it is precisely that which knows wherever there is knowledge' (*W1*, 5). Schopenhauer is not alone in having such a view of the subject. It is recognizable as a version of Kant's conception of the pure 'I' of self-consciousness (apperception); moreover, says Schopenhauer, 'the fine passage from the sacred *Upanishad* applies: "It is not to be seen: it sees everything; it is not to be heard: it hears everything; it is not to be recognized: it recognizes everything"' (*R*, 208). Wittgenstein later borrowed Schopenhauer's image of the eye that cannot see itself and the idea that the subject was not part of the world.

Schopenhauer's attitude to this pure subject of representation is ambivalent. On the one hand, he says that 'Everyone finds himself as this subject' (*W1*, 5). We are conscious not only of what we think and perceive, but of *being* that which thinks and perceives; moreover, he suggests, we cannot avoid the idea that that which thinks and perceives is distinct from every object of which it is conscious – even the body, which is 'an object among objects'. At the same time, however, each of us is an individual distinct from others. Each of us is closely associated with one particular part of the material world, and, as a subject of action or will, each of us must be a bodily thing. We seem to be two kinds of subject at once: subject of willing, which is essentially embodied, and subject of knowledge, which knows everything objectively, including its own body and acts of will, and hovers outside the world of individual things altogether. Our conception of ourselves ought, perhaps, to be split. Yet we think of the 'I' that thinks and perceives and the 'I' that acts as one and the same. Schopenhauer calls this a 'miracle *par excellence*', saying that 'the identity of the subject of willing with that of knowing by virtue whereof . . . the word "I" includes and indicates both, is the knot of the world, and hence inexplicable' (*R*, 211–12).

One may think that Schopenhauer inadvertently refutes his own conception of the pure subject which is not an object. For he admits that it provides at best an incomplete and perplexing way of thinking of oneself, says that it is inexplicable how 'I' could refer both to this pure subject and to the acting, material body, and even has to invoke the notion of a 'miracle' to get round the problem. We may also not be convinced that we do 'find ourselves' as the pure knowing subject, or that this is a conception which a philosophical account of self-consciousness needs to use at all. However, Schopenhauer's difficulties are not simply a matter of ineptness on his part – they go deep into an area of enduring perplexity. Each of us is not *merely* an object in the world; some account needs to be given of one's awareness of being oneself, of being 'inside' one's experience and seeming to be distinct from the rest of the world. Schopenhauer is not a dualist: he eschews any notion that souls, spirits, or immaterial substances constitute part of reality. Reality is material, and what each of us refers to using 'I' is, partly, an active, material thing in the world. But he is surely right in saying that that cannot be the end of the story. It seems true that I somehow 'find myself as a subject', however precisely we account for that. Some philosophers more recently have suggested that there is a fundamental, perhaps insuperable problem in trying to square 'subjective' and 'objective' views of ourselves. The underlying difficulty which Schopenhauer reveals is a substantial philosophical issue.

The struggle between competing views of the self is made even more intense by Schopenhauer's materialist account of the workings of the intellect as brain-functions, and his doctrine that the individual's body is an expression of will-to-life.

> That which in self-consciousness, and hence subjectively, is the intellect, presents itself in the consciousness of other things, and hence objectively, as the brain; and that which in self-consciousness, and hence subjectively, is the will, presents itself in the consciousness of other things, and hence objectively, as the entire organism. (*W2*, 245)

> That focus of brain-activity (or the subject of knowledge) is indeed, as an indivisible point, simple, yet it is not on that account a substance (soul), but a mere condition or state . . . This *knowing* and conscious *ego* is related to the will, which is the basis of its phenomenal appearance, as the image in the focus of the concave mirror is to that mirror itself; and, like that image, it has only a conditioned, in fact, properly speaking, a merely apparent reality. Far from being the absolutely first thing (as Fichte taught, for example), it is at bottom tertiary, since it presupposes the organism, and the organism presupposes the will. (*W*2, 278)

We need to tease out two distinct elements here. One is Schopenhauer's materialism, the other his view that the will is our essence.

We can consider ourselves both subjectively and objectively. If we are considering ourselves objectively, as things occurring in the empirical world, then materialism is the most plausible and consistent position to take, according to Schopenhauer. To be a materialist pure and simple would be 'one-sided' (*W*2, 13), because materialism can never give a proper account of what it is to be a subject who experiences and understands the world: 'materialism is the philosophy of the subject that forgets to take account of itself'. But one side of the truth is an objective account of ourselves as things inhabiting the empirical world, and the only choice here is to conceive of ourselves as material occupants of space and time, falling under causal laws. So what from one viewpoint we call thought and perception are, from the other viewpoint, processes of the material brain and nervous system. From this objective point of view, the subject which we take ourselves to be is – in Schopenhauer's most extreme claim about it – 'merely apparent'.

But even this unsettled combination of subjective and objective views about oneself is not the complete predicament which Schopenhauer places us in. For brain and organism are not merely part of an inert, material reality. They are expressions of the blind will in nature, enabling life to exist and propagate itself. The will is primary, and lies beneath the division between subject and object altogether. The larger contrast between will and representation reasserts itself here. The subject that represents and the object that is represented are both, in a sense, illusory, because in the world in itself the division between subject and object does not exist. Even if I the subject disappeared, and along with me all the individual objects that make up my experience, the will would still be there in itself, continuing to strive and throw up new life-forms. And the most fundamental point about the self, for Schopenhauer, is that this same will is exactly what now strives away within the bodily organism that has produced me the subject.

Chapter 5
Character, sex, and the unconscious

Will and intellect

For Schopenhauer, the primary element in human beings is the will. The intellect is only secondary; Schopenhauer explains it as a particular manifestation of the will to life in the brain and nervous system, and 'a mere tool in the service of the will' (*W2*, 205). Schopenhauer invents many images for the relationship between intellect and will, but his favourite is that of the sighted, lame man who is carried on the shoulders of the strong, blind man. The intellect is conscious, and is our window on the world, but the driving force which takes us where we are going is deeper down inside the psyche, inside the body or organism which we also are. The doctrine of the primacy of the will has many applications which are broadly psychological or ethical. Schopenhauer is in some respects a forerunner of twentieth-century views about the unconscious mind and the influence of sexuality on our behaviour, both of which emerge from his considerations of the opposition between intellect and will. His ethics also depends on the idea that the core of each individual, which makes them the person they are, is not the intellect, but the enduring, underlying will.

Once again we find that the individual's sense of his or her identity is something of a precarious affair. The self is a kind of compound between the will and the intellect. Although objectively the intellect is

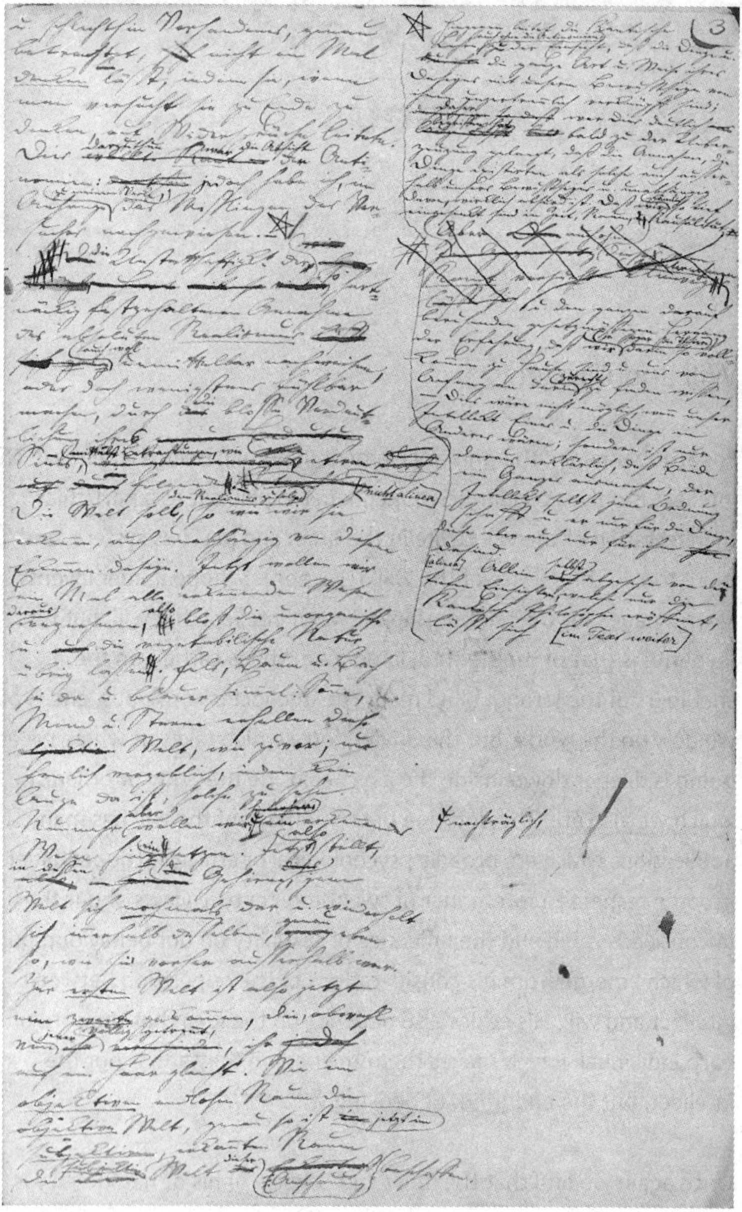

7. Manuscript extract from the second volume of *The World as Will and Representation*

an expression of will as well, in our own self-consciousness we can distinguish the intellect as that part of us which is occupied with conscious perception and thought. The subjective symptoms of this split are various kinds of conflict and domination of which we may be aware: a 'strange interplay within us' between the intellect and the will (*W2*, 207). For example, the will is a comparatively primitive part of us, and not sophisticated enough to react to imaginary ideas in a different way from genuine beliefs:

> If . . . we are alone, and think over our personal affairs, and then vividly picture to ourselves, say, the menace of an actually present danger, and the possibility of an unfortunate outcome, anxiety at once compresses the heart, and the blood ceases to flow. But if the intellect then passes to the possibility of the opposite outcome, and allows the imagination to picture the happiness long hoped-for as thereby attained, all the pulses at once quicken with joy, and the heart feels as light as a feather, until the intellect wakes up from its dream . . . We see that the intellect strikes up the tune, and the will must dance to it; in fact, the intellect causes it to play the part of a child whom its nurse at her pleasure puts into the most different moods by chatter and tales alternating between pleasant and melancholy things. (*W2*, 207–8)

On the other hand, our ordinary experience of the world is suffused with the positive or negative significance that comes from the will:

> In the immediate perception of the world and of life, we consider things as a rule merely in their relations . . . we regard houses, ships, machines, and the like with the idea of their purpose and their suitability therefor . . . Let us picture to ourselves how much every emotion or passion obscures and falsifies knowledge, in fact how every inclination or disinclination twists, colours, and distorts not merely the judgement, but even the original perception of things. Let us recall how, when we are delighted by a successful outcome, the whole world at once assumes a bright colour and a smiling aspect, and on the other hand looks dark and

> gloomy when care and sorrow weigh on us. Let us then see how even an inanimate thing, which is yet to become the instrument for some event we abhor, appears to have a hideous physiognomy; for example the scaffold, the fortress to which we are taken, the surgeon's case of instruments, the travelling coach of loved ones, and so on. (*W2*, 372–3)

We tend not to use the intellect in a 'pure' fashion. The way we confront the world of objects in experience and thought is driven by the will – further evidence for Schopenhauer that the will is primary in us. He has many more examples of the bias the will exerts:

> Our *advantage*, of whatever kind it may be, exercises a similar secret power over our judgement; what is in agreement with it at once seems to us fair, just, and reasonable . . . A hypothesis, conceived and formed, makes us lynx-eyed for everything that confirms it, and blind to everything that contradicts it. What is opposed to our party, our plan, our wish, or our hope often cannot possibly be grasped and comprehended by us, whereas it is clear to the eyes of everyone else. (*W2*, 217–18)

Anybody wishing to describe the mind as a centre of pure perception and reasoning would have to overcome the considerable evidence Schopenhauer amasses (from anecdote, general observation, and introspection) for the contrary view, that our experience is largely governed by what fits our own aims, instincts, and emotional needs.

Where Schopenhauer shows uncommon insight is in his theory of the unconscious, one of the more important and influential aspects of his theory of the will. Since the will is something that operates independently of our conscious representation of reality, it can be credited with desires, aims, and feelings which are not consciously entertained by the thinking subject, but which nevertheless control his or her behaviour. One example (which he says is 'trifling and ridiculous', but nevertheless 'striking') is that when adding up our finances 'we make mistakes more frequently to our advantage than to our disadvantage, and this indeed without the least intention of dishonesty, but merely through the unconscious tendency to diminish our *debit* and increase our *credit*' (*W*2, 218). But this is merely a small instance of a widespread principle. Schopenhauer says that the intellect is often excluded from 'secret decisions of its own will'. I do not consciously decide what I wish to happen in a particular situation, but at a certain outcome I feel 'a jubilant, irresistible gladness, diffused over my whole being . . . to my own astonishment . . . [O]nly now does my intellect learn how firmly my will had already laid hold of the plan' (*W*2, 209).

The will is here a part of the individual's mind which adopts attitudes and guides overt behaviour despite remaining out of sight of the conscious intellect. Schopenhauer even recognizes a process similar to Freud's much later idea of repression:

> this will . . . makes its supremacy felt in the last resort. This it does by prohibiting the intellect from having certain representations, by absolutely preventing certain trains of thought from arising, because it knows, or in other words experiences from the self-same intellect, that they would arouse in it any one of the emotions previously described. It then curbs and restrains the intellect, and forces it to turn to other things . . . We often do not know what we desire or fear. For years we can have a desire without admitting it to ourselves or even letting it come to clear consciousness, because the intellect is not to know anything about it, since the good opinion we have of ourselves would inevitably suffer thereby. But if the wish is fulfilled, we get to know from our joy, not without a feeling of shame, that this is what we desired. (*W*2, 208–10)

In another interesting passage, Schopenhauer sees this mechanism as responsible for some forms of madness:

> Every new adverse event must be assimilated by the intellect . . . but this operation itself is often very painful, and in most cases takes place only slowly and with reluctance. But soundness of mind can continue only in so far as this operation has been correctly carried out each time. On the other hand, if, in a particular case, the resistance and opposition of the will to the assimilation of some knowledge reaches such a degree that . . . certain events or circumstances are wholly suppressed for the intellect, because the will cannot bear the sight of them; and then, if the resultant gaps are arbitrarily filled up for the sake of the necessary connection; we then have madness. (*W2*, 400)

Sexuality and gender

Schopenhauer exaggerates in saying that all previous philosophers have 'ignored' sexual love ('I have no predecessors' [*W2*, 533]), and his dismissal of Plato's contribution in particular is unwarranted (*W2*, 532). Nevertheless, in talking so bluntly about sexuality, and in making it such a cornerstone of his philosophy, he is again unusually forward-looking for his day. Sex is ever-present in our minds, according to Schopenhauer, 'the public secret which must never be distinctly mentioned anywhere, but is always and everywhere understood to be the main thing' (*W2*, 571). 'It is the ultimate goal of almost all human effort; it has an unfavourable influence on the most important affairs, interrupts every hour the most serious occupations' (*W2*, 533). None of this is surprising on Schopenhauer's theory. The impulse to sexual intercourse is at the very core of our being, as an instinct which is the most direct and powerful manifestation of will to life in our bodies: 'the genitals', he is fond of telling us, 'are the focus of the will'.

Schopenhauer explains instinct as 'an action as if in accordance with the conception of an end or purpose, and yet entirely without such a conception' (*W2*, 540). Sexual behaviour and anatomy are directed at reproduction in a purpose-like manner. Reproduction may at times also be a conscious purpose, of course, but to the extent that his or her behaviour manifests instinct, the individual's conscious purposes are irrelevant. According to Schopenhauer, the procreative 'purpose' which sexual activity and its elaborate, all-pervading surroundings are directed towards, is actually a 'purpose' of the human species, a built-in drive to generate itself over again, for which the individual acts as a mere vehicle. The seriousness with which individuals pursue sexual goals reflects the magnitude of this underlying species-purpose.

Thus Schopenhauer sees the individual's sexual behaviour as at the beck and call of an impersonal force. His most striking way of putting this is to say that it is the will to life of the as yet unconceived offspring which draws a male and female partner together. Their view that they are acting wholly in their own interests out of individual desires towards another individual is a 'delusion' (*W2*, 538), and this delusion itself is a means by which 'nature can attain her end'. The 'longing of love' celebrated in poetry of all ages is on this account truly something external to the lover, and hence so powerful that the individual can scarcely contain it:

> this longing that closely associates the notion of an endless bliss with the possession of a definite woman, and an unutterable pain with the thought that this possession is not attainable; this longing and this pain of love cannot draw their material from the needs of an ephemeral individual. On the contrary, they are the sighs of the spirit of the species . . . The species alone has infinite life, and is therefore capable of infinite desire, infinite satisfaction, and infinite sufferings. But these are here imprisoned in the narrow breast of a mortal; no wonder, therefore, when such a breast seems ready to burst, and can find no expression for the infinite rapture or infinite pain with which it is filled. (*W2*, 551)

Schopenhauer also believes that once the ends of the species are fulfilled between lovers, their rapture and their delusion must eventually ebb away:

> Forsaken by [the spirit of the species], the individual falls back into his original narrowness and neediness, and sees with surprise that, after so high, heroic, and infinite an effort, nothing has resulted for his pleasure but what is afforded by any sexual satisfaction. Contrary to expectation, he finds himself no happier than before; he notices that he has been the dupe of the will of the species. (*W2*, 557)

Of course, individuals will continue to feel sexual desire as a desire of their own directed towards a particular person, and will be conscious of the person's physical and mental attributes. Schopenhauer gives us a detailed list of the qualities that men supposedly look for in women (right age, health, proportion of skeleton, fullness of flesh, beauty of the face – in that order) and that women supposedly look for in men (right age, strength, courage). Looking away from such details, however, all the features of attraction are to be explained in the same way: they result from unconscious principles of selection through which the will of the species works to ensure the character of its next generation. Where the intention of intercourse is expressly not to generate offspring, Schopenhauer is nevertheless determined to explain subjective attraction in terms of life-generating instincts. Even the case of homosexuality does not deter him: such a widespread practice must 'arise in some way from human nature itself', he thinks, though his explanation for it is somewhat desperate. Very young and very old males, he supposes, have deficient semen, and are following an instinct to discharge it in non-procreative fashion, thus still subserving the 'will of the species' for the best possible offspring.

Some may find surprising another of Schopenhauer's convictions: that it is the intellect which we inherit from our mothers, and the will from our fathers. Not many philosophers have thought of the intellect as a female characteristic, and the capacity for emotions as male. Schopenhauer is convinced that there is empirical evidence for his claim, but he also gives another argument in which he shows his true colours. The will is 'the true inner being, the kernel, the radical element', while the intellect is 'the secondary, the adventitious, the accident of that substance' (*W2*, 517). So, the argument continues, we should expect the more powerful, procreative sex to impart the will to its offspring, while the mother, the 'merely conceiving principle', is responsible for the merely secondary intellect. The agenda here is to make sure that the female comes out as superficial and secondary, the male as substantial, radical, and primary. What is inherited from the father is the 'moral nature', the 'character', the 'heart'. The view that the intellect is female in origin thus results from a cross-fertilization between Schopenhauer's doctrine of the metaphysical primacy of the will and his fairly conventional prejudice that the female must be secondary to the male.

Schopenhauer's disparaging view of women, concentrated to most corrosive effect in the short essay 'On Women' (*P2*, 614–26), has earned him some notoriety. To what extent it should single him out from any of his contemporaries and predecessors is debatable. On the one hand, he is perhaps especially worthy of note because of his attempt to imbue gender differences with such metaphysical significance, and because he gives such prominence to sexuality in human life. On the other hand, it may be thought that his actual views are fairly commonplace for his time. What is not in question is the vehemence of his rhetoric on the topic:

> Only the male intellect, clouded by the sexual impulse, could call the undersized, narrow-shouldered, broad-hipped, and short-legged sex the fair sex; for in this impulse is to be found its whole beauty. (*P2*, 619)

> Throughout their lives women remain children, always see only what is nearest to them, cling to the present, take the appearance of things for reality, and prefer trivialities to the most important affairs. Thus it is the faculty of reason by virtue whereof man does not, like the animals, live merely in the present . . . In consequence of her weaker faculty of reason, woman shares less in the advantages and disadvantages that this entails. (*P2*, 615–16)

There are a few compensating virtues. Schopenhauer allots to women the greater share of humane loving-kindness, which for him is of supreme moral worth; he also thinks they are more down-to-earth and practical than men (the intellect at work again); but he is convinced that they cannot reason very well, and have shallow characters. Their interests are 'love, conquests, dress, cosmetics, dancing'; they regard everything as a means to winning a man; dissimulation is inborn to them 'just as nature has armed the lion with claws and teeth, the elephant and boar with tusks, the bull with horns, and the cuttle-fish with ink that blackens water' (*P*2, 617). Women may be talented, but artistic geniuses can, apparently, only be male: 'generally speaking, women are and remain the most downright and incurable Philistines' (*P*2, 620–1). Occasionally, one glimpses a portrait of the novelist, socialite, and mother Johanna Schopenhauer:

> the original maternal love is purely *instinctive* and therefore ceases with the physical helplessness of the children. In its place, there should then appear one based on habit and reasoning; but often it fails to appear, especially when the mother has not loved the father . . . Property acquired by the long and constant hard work of men subsequently passes into the hands of women who in their folly get through it or otherwise squander it in a short time . . . The vanity of women . . . is bad because it is centred entirely on material things . . . and hence society is so very much their element. (*P*2, 625–6)

Conventional male sentiment mixed with personal bitterness – the result is scarcely edifying. But no account of Schopenhauer's philosophy ought to suppress these ideas, which were clearly important to him.

Character

We have seen that in Schopenhauer's view the will is the primary element within us, the intellect only secondary and 'adventitious'. In this, the will often has the role of an impersonal force which is greater than the individual, attaching to the species or to the world as a whole, and expressing itself in each individual equally. However, Schopenhauer also believes that each person has a distinct character. And here too the intellect is secondary. It is not intellectual abilities and traits, or continuity of consciousness, that marks out the true core of one's separate identity as an individual.

> The older we become, the more does everything pass us by without leaving a trace. Great age, illness, injury to the brain, madness, can deprive a man entirely of memory, but the identity of his person has not in this way been lost. That rests on the identical *will* and on its unalterable character; it is also just this that makes the expression of the glance unalterable. . . . Our true self . . . really knows nothing but willing and not-willing, being contented and not contented, with all the modifications of the thing called feelings, emotions, and passions. (*W*2, 239)

Each human being's character is unique for Schopenhauer, though since we all belong to the same species, the differences may sometimes be very slight. Individual character comes into its own in explaining and predicting actions. An action follows on from motives, but only in combination with the character of the agent. The same set of objective circumstances, perceived and comprehended in the same way by different people, may lead them to act in quite different ways. Offer a large bribe and some will take it, some will politely decline, and others will turn you over to the authorities. The motive, in Schopenhauer's sense (that is, the external state of affairs as apprehended by the intellect) can be the same in all three cases, and the intellect itself can, if you like, be working in exactly the same way. But the character is what differs. If we knew each person's character thoroughly, and all the motives they were exposed to, we could predict all their actions without any remainder. In another of Schopenhauer's beloved Latin tags, *operari sequitur esse,* 'acting follows from being': what we *are* partly determines how we act. The principle is no different from that by which we predict the varied behaviour of different natural substances under the same influence: 'the effect of the same motive on different people is quite different; as the sunlight gives to wax white colour and to chloric silver black, so the heat makes wax soft, but clay hard' (*F*, 50). This doctrine of character has consequences for freedom, responsibility, and morality, as we shall discover later.

Schopenhauer sees the character as a person's 'being', something distinct from the collection of all the person's actions put together. The actions follow from the being, each of them bearing the stamp of the person to whom they belong. This may make the character sound mysterious, but Schopenhauer assures us that we only ever learn about it, in other people or even in ourselves, from its empirical manifestations – just the way we learn about the character of wax or chloric silver, in fact. We observe many actions, and come to know someone's degree of honesty, courage, or compassion over the course of time. Similarly with ourselves: until we see how we fare in action, we may be quite wrong about the qualities of character which we possess. So Schopenhauer says that character is *empirical*. It is not identical with the series of actions I carry out, yet is discovered only from observation of those actions.

Schopenhauer maintains that each person's character is both constant and inborn. We can neither choose nor change what we are. We can be educated to understand the world and ourselves better, giving us better, more refined motives on which to act, but the self that these motives prompt into action really has not altered: 'Under the changeable shell of his years, his relationships, and even his store of knowledge and opinions, there hides, like a crab under its shell, the identical and real man, quite unchangeable and always the same' (*F*, 51). Schopenhauer thinks that many of our ordinary attitudes bear out this claim: we assume not just identity of the person, but constancy in the moral character as well. When we have gone on trusting someone to behave in a certain way, and have eventually been disappointed, 'we never say: "His character has changed", but "I was mistaken about him"' (*F*, 52). For example, we say, on this view, not that someone used to be honest and courageous, but is now deceitful and cowardly; rather that the extent of their deceitfulness and cowardice was not fully apparent until now. As further evidence for constancy of character Schopenhauer cites the fact that we recognize others as the same after many years from the manner in which they act, and that we feel responsibility and shame for things we ourselves did forty years before.

With the claim that character is inborn we again find that human beings are to be treated very much on a par with other parts of nature. You would not try to produce apricots from an oak tree, says Schopenhauer. Human beings clearly have inborn species-characteristics. Why are people so loath to accept that there is inborn courage, honesty, or wickedness at the level of the individual? Schopenhauer's evidence, such as it is, leads him to think that the human individual at birth cannot be a mere blank slate which awaits experience before it forms any character at all. Before we can have knowledge or perceive the world very well, we are creatures of will, reacting with positive or negative feelings to what impinges on us. Even at this stage, there is a basic core to the person which is not moulded by what he or she has intellectually apprehended of the world.

Schopenhauer also has the notion of *acquired character*. Especially when we are young, we may not correctly understand what our character is. We do not know what we really like, or want, or can succeed at. Acquired character is a better self-understanding, which one comes to have by gaining an insight into one's true constant character – an idea in some ways reminiscent of Nietzsche's later notion of 'becoming who you are'. This enlightened idea is, however, at odds with the rest of Schopenhauer's account. For it seems that before I have attained the acquired character, I may embark on ventures that go against my real nature – which ought to be impossible if my inborn, unchanging character determines all my actions.

Sometimes, however, Schopenhauer says things about the character which are even more puzzling.

> however old we become, we yet feel within ourselves that we are absolutely the same as we were when we were young . . . This thing which is unaltered and always remains absolutely the same, which does not grow old with us, is just the kernel of our inner nature, and that does not lie in time . . . [W]e are accustomed to regard the subject of knowing, the knowing I, as our real self . . . This, however, is the mere function of the brain, and is not our real self. Our true self . . . it is which produces that other thing, which does not sleep with it when it sleeps, which also remains unimpaired when that other thing becomes extinct in death . . . The *character itself* . . . is still exactly the same now as then. The will itself, alone and by itself, endures; for it alone is unchangeable, indestructible, does not grow old, is not physical but metaphysical, does not belong to the phenomenal appearance, but to the thing in itself that appears. (*W2*, 238–9)

Here it is unclear what kind of thing the character is. On the one hand it is unique and attaches to oneself as an individual. On the other hand it is 'not in time', it is 'not physical but metaphysical', and even 'remains unimpaired' when the individual dies and his or her subjective consciousness disappears. The problem, bluntly, is this: is my 'real self', or 'the kernel of my inner nature', something that attaches to the finite individual that I am, or is it the thing in itself, beyond space, time, and individuation altogether? If the former, it is neither outside of time nor unaffected by my own death. If the latter, it does not serve to explain my personal identity at all. Schopenhauer seems to stumble into a quite elementary difficulty. But in a way his confusion has a more profound point behind it. For he wants to claim in the end that our individuality, seemingly so fundamental to us, is not only a source of torment, but some kind of illusion: 'at bottom every individuality is really only a special error, a false step, something that it would be better should not be' (*W2*, 491–2). The Third and Fourth Books of *The World as Will and*

Representation – its great second half to which we now turn – explore the possibilities of escaping from individuality, and from the will which lies at our core.

Chapter 6
Art and ideas

Aesthetic experience

Aesthetic experience deliberately reverses the trend of Schopenhauer's book, for in it the will of the subject is suspended. As long as we exercise the will, or are governed by it, we shall be forced to consider a thing in a great mesh of relations to other things and to ourselves: Do we want it? Can we use it? Is it better than something else? What made it the way it is? What will it make happen? Just as our intellects are organs developed to subserve the will, so all the usual connections which we employ in order to understand objects are will-governed: we perceive in order to manipulate, in order to live. Only if we cease to will at all can the object stand out in our consciousness stripped of the relations of time, place, cause, and effect.

Schopenhauer belongs to a tradition which equates aesthetic experience with a 'disinterested' attitude towards its object, and is often cited as one of the chief proponents of such a view. The idea is that to experience something aesthetically, one must suspend or disengage all one's desires towards it, attending not to any consideration of what ends, needs, or interests it may fulfil, but only to the way it presents itself in perception. In Schopenhauer's case, aesthetic experience must always be an extraordinary episode in any human being's life, since he has argued that the will is our essence, and that our 'ordinary way of considering things' is permeated by will:

> so long as our consciousness is filled by our will, so long as we are given up to the throng of desires with its constant hopes and fears, so long as we are the subject of willing, we never attain lasting happiness or peace. . . . Thus the subject of willing is constantly lying on the revolving wheel of Ixion, is always drawing water in the sieve of the Danaids, and is the eternally thirsting Tantalus.
>
> When, however, an external cause or inward disposition suddenly raises us out of the endless stream of willing, and snatches knowledge from the thraldom of the will, the attention is now no longer directed to the motives of willing, but comprehends things free from their relation to the will. Thus it considers things without interest, without subjectivity, purely objectively . . . Then all at once the peace, always sought but always escaping us on that first path of willing, comes to us of its own accord, and all is well with us . . . [F]or that moment we are delivered from the miserable pressure of the will. We celebrate the Sabbath of the penal servitude of willing; the wheel of Ixion stands still. (*W1*, 196)

After the brisk formality of the opening book on the world as representation, and the incipient gloom as we descend into the world as will, the Third Book of *The World as Will and Representation* has a character of brightness and joy, which testifies to the importance of the aesthetic for its author.

Schopenhauer states the central problem of aesthetics in an acute way: 'how satisfaction with and pleasure in an object are possible without any reference thereof to our willing' (*P2*, 415). (His view of aesthetic enjoyment is similar in some respects to that put forward by Kant in his *Critique of Judgement*, though Schopenhauer makes little of this connection, and does not rate Kant's work on aesthetics as among his best.) In the usual run of events, pleasure or satisfaction arises from the

8. Schopenhauer: portrait by Julius Hamel, 1856

fulfilment of some desire or end. What we call happiness is usually felt on attaining one of our ends, or it may be the temporary absence of anything further to strive for. But these kinds of pleasure and happiness, since they depend on willing, also carry with them the permanent possibility of suffering. In the first place, all willing 'springs from lack, from deficiency, and thus from suffering' (*W1*, 196). Secondly, when any particular desire is stilled, the subject of willing soon experiences another deficiency. Thus to be driven by the will is to oscillate between suffering and satisfaction, and Schopenhauer is convinced that the suffering lasts longer, the satisfaction being only a temporary return to neutral before another lack is felt.

The problem for aesthetics is how there can be any kind of pleasure other than that which is contained in this oscillation. If pleasure is defined as the fulfilment of a lack or the satisfaction of a desire, then a totally will-less state of contemplation ought to be one in which one cannot experience pleasure at all. Clearly, the positive gain of being in such a state would be the loss of the possibility of suffering, and Schopenhauer makes a great deal of this point. But how could a will-less state leave room for real pleasure? Sometimes Schopenhauer writes as if it could not, as if aesthetic contemplation were a state purely of knowledge, a dispassionate registering of objective reality – 'we have stepped into another world, so to speak, where everything that moves our will, and thus violently agitates us, no longer exists. . . . Happiness and unhappiness have vanished' (*W1*, 197). Yet he is also prepared to describe aesthetic experience in terms such as 'peace' and 'blessedness', and as a special kind of pleasure or enjoyment. He even states that when 'all possibility of suffering is abolished . . . the state of pure objectivity of perception becomes one that makes us feel positively happy' (*W2*, 368). These different claims can be reconciled by saying that the usual kind of happiness (and unhappiness) depends on willing, while the aesthetic kind depends on the cessation of willing.

This might be thought sufficient to give aesthetic experience the value which Schopenhauer wishes to assign it. However, his version of the 'aesthetic attitude' theory is unusual in linking the state of will-less contemplation with the achievement of the most objective kind of knowledge. For him, an experience undergone in the absence of subjective desires and aims will be one which distorts the world as little as possible, so he can maintain that aesthetic experience is valuable not only for the calming effect of escaping from one's own will, but because it uniquely displays things as they eternally are. Aesthetic experience, in other words, has high cognitive value, not merely the enriching or therapeutic value of entering into a certain psychological state.

Objectivity and genius

The subject ordinarily experiences material objects that occupy space and time, their causal connections to one another, and bodily acts of will following upon motives. But Schopenhauer believes that we can in exceptional moments gain access to a timeless reality that is not carved up into individuals. Beyond the realm of individual things and events lies the Idea, to which 'neither plurality nor change' belongs: 'While the individuals in which it expresses itself are innumerable and are incessantly coming into existence and passing away, it remains unchanged as one and the same, and the principle of sufficient reason has no meaning for it' (*W1*, 169).

Schopenhauer begins his Third Book with a disquisition on Platonic Ideas and their relation to the thing in itself. His claim will be that artists, and all engaged in aesthetic experience, discern, however fleetingly, the timeless reality of Ideas. Hence he owes us an attempt to set the metaphysical record straight first: what are these Ideas? He calls them 'the most adequate objectivity' of the thing in itself. This sounds obscure but is in fact quite a simple notion. The thing in itself cannot be known; but a knowable object which presented reality to the subject with the least possible degree of subjective distortion would be the 'adequate objectivity' of the thing in itself. Thus Schopenhauer explains:

> the Platonic Idea is necessarily object, something known, a representation, and precisely, but only, in this respect is it different from the thing in itself. It has laid aside merely the subordinate forms of the phenomenon, all of which we include under the principle of sufficient reason; or rather it has not yet entered into them. But it has retained the first and most universal form, namely that of the representation in general, that of being object for a subject. . . . Therefore, it alone is the most *adequate objectivity* possible of the will or of the thing in itself; indeed it is even the whole thing in itself, only under the form of the representation. Here lies the ground of the great agreement between Plato and Kant, although in strict accuracy that of which they both speak is not the same. (*W1*, 175)

Some strain is evident in the way that the Idea seems forced to serve as both thing in itself and representation, when these two categories were supposedly mutually exclusive at the outset. Also, although he recognizes that the equation of Kant and Plato would be wrong 'in strict accuracy', he is still prepared to make the extremely dubious statement that 'the inner meaning of both doctrines is wholly the same' (*W1*, 172). Some commentators have regarded the Ideas as an awkward, hasty afterthought. This is not wholly a fair assessment, however, as the Ideas were one of the earliest parts of the system to fall into place, and figured in the account of the will's objectification in nature in the Second Book. What we should hold on to is the notion that nature contains not only a multiplicity of individual things and events, but unchanging single kinds to which they belong. There are not only horses, but the species *horse*, not only pools and fountains but the repeatable molecular structure H_2O, not only many bodies falling to the ground at different times and places, but a ubiquitous gravitational force. Schopenhauer thinks of such kinds as timeless Ideas, and our apprehension of them as the most objective knowledge of the world we can ever attain. Schopenhauer follows Plato in claiming that Ideas exist in reality, independently of the subject. They are not concepts. Concepts are the mental constructs we make in order to grasp reality in general terms; but Ideas are parts of nature awaiting discovery. For Schopenhauer, they are not even discovered by conceptual thinking, but by perception and imagination.

What would consciousness of Ideas themselves be like? Schopenhauer has a dramatic answer. Once we abandon the guidance of the principle of sufficient reason,

> we no longer consider the where, the when, the why, and the whither of things, but simply and solely the *what*. . . . [We] let our whole consciousness be filled by the calm contemplation of the natural object actually present, whether it be a landscape, a tree, a rock, a crag, a building, or anything else . . . and continue to exist only as pure subject, as clear mirror of the object, so that it is as though the object alone

existed without anyone to perceive it, and thus we are no longer able to separate the perceiver from the perception. . . . What is thus known is no longer the individual thing as such, but the *Idea* . . . at the same time, the person who is involved in this perception is no longer an individual, for in such perception the individual has lost himself; he is *pure* will-less, painless, timeless *subject of knowledge*. (*W1*, 178–9)

'At one stroke', Schopenhauer continues, the particular thing 'becomes the Idea of its species', and the perceiving individual 'becomes the *pure subject* of *knowing*' (*W1*, 179). What Schopenhauer must mean is that I see the particular as embodying a universal Idea, and momentarily lose consciousness of myself as an individual. His claim is that one cannot know Ideas if one retains an awareness of oneself as an individual separate from the object contemplated ('we apprehend the world purely objectively, only when we no longer know that we belong to it' [*W2*, 368]) – and conversely that one cannot fail to be knowing an Idea, once one's contemplation turns one into this 'pure mirror' of reality.

Although Schopenhauer clearly thinks that natural beauty often gives rise to aesthetic experience (witness the examples of tree, rock, and crag), it is to art that he gives most attention. He is fairly orthodox for his day in believing that the production of art requires something called genius, which must be distinguished from mere talent. But he does give his own account of what genius is. It consists, he writes, 'in the knowing faculty having received a considerably more powerful development than is required by the *service of the will*' (*W2*, 377). The person of genius has two-thirds intellect and one-third will, the 'normal person' is the other way round. It is not that the genius is lacking in will – such people usually have strong emotions, for example – but rather that their intellect is capable of detaching itself from the will to a much greater extent, and has the power to function autonomously:

the *gift of genius* is nothing but the most complete *objectivity* . . . the capacity to remain in a state of pure perception, to lose oneself in

> perception, to remove from the service of the will the knowledge which originally existed only for this service. In other words, genius is the ability to leave entirely out of sight our own interest, our willing, and our aims, and consequently to discard entirely our own personality for a time, in order to remain *pure knowing subject*, the clear eye of the world; and this not merely for moments, but with the necessary continuity and conscious thought to enable us to repeat by deliberate art what has been apprehended. (*W1*, 185–6)

The genius stands for something impersonal, which Schopenhauer hints at with the metaphor of 'the clear eye of the world'. The genius is not only an individual, but 'at the same time a pure intellect that as such belongs to the whole of mankind' (*W2*, 390). Abandoning the will that manifests itself in this particular individual, and letting the intellect soar free of it, the genius has an uncommon ability 'to see the universal in the particular' (*W2*, 379). It is important that this is a capacity for heightened *perception*. A great painter or sculptor *sees* with more intensity and more detail, and has greater ability to retain and reproduce what is seen. But perceiving merely what is present to hand is not enough: '*imagination* is needed, in order to complete, arrange, amplify, fix, retain, and repeat at pleasure all the significant pictures of life' (*W2*, 379). Thus genius, in whichever art form, may go one better than actual experience: a great work of art may reflect reality all the better when the picture it conveys is a heightened one, having more clarity and definition than is ever contained in ordinary experience itself.

The true province of genius is imaginative perception, and not conceptual thinking. Art which is structured around some proposition, or worked out on a wholly rational plan, is dead and uninteresting by comparison. One example is where pictorial art turns to a symbolic form of allegory, and can be grasped only by deciphering images according to a code, something alien to art as such, in Schopenhauer's view (*W1*, 239). Another is when 'imitators' or 'mannerists' set themselves to produce according to a formula which they note to have been successful in some other work. The result is offensive: prior deliberation can always be discerned, and the constituent elements they have minced together can always be 'picked out and separated from the mixture'. The concept, 'useful as it is in life, serviceable, necessary, and productive as it is in science, is eternally barren and unproductive in art' (*W1*, 235).

Geniuses are rare because they are in a sense unnatural. In the great majority of people, the workings of the intellect are subordinate to the attainment of individual ends, as Schopenhauer's theory would predict. The intellect is an instrument of the will, and is not 'designed' for purposeless imaginative work which grasps and relays eternal Ideas. By the same token, people possessed of genius are commonly viewed as oddities. With its heightened imagination and tendency to distract from the immediate connections of things, genius has some resemblance to madness. Geniuses do not accommodate to the expectations of their own time and place, unlike people of mere talent, who are admired for the ability to produce what is wanted when it is wanted (*W2*, 390). The genius is also prone to impracticality, because of the degree to which his intellect works independently of the end-seeking will. (I say 'his', because Schopenhauer does not recognize female genius, even though the intellect is supposedly a female inheritance. The difference is presumably supposed to be that women's perception always remains superficial and never rises to 'the universal'.)

The arts and their value

Schopenhauer commands respect among historians of aesthetics for his deep and varied knowledge of the arts. While he has a single theory of aesthetic appreciation as the will-less contemplation of Ideas, he appreciates many different art forms, from architecture through painting of different genres, to poetry and drama, and eventually to music, which he sets apart from the rest. His aesthetics is not an inflexible metaphysical monolith: its core is fleshed out with elegance and sensitivity.

Before discussing the various arts, Schopenhauer makes a substantial qualification to his theory. He has claimed that whenever we have an aesthetic experience there occurs both a subjective cessation of willing and an objective insight into the realm of Ideas. However, he now admits that the value of a particular object of aesthetic experience can reside in one or other of these factors almost to the exclusion of the other:

> with aesthetic contemplation (in real life or through the medium of art) of natural beauty in the inorganic and vegetable kingdoms and of the works of architecture, the enjoyment of pure, will-less knowing will predominate, because the Ideas here apprehended are only low grades of the will's objectivity, and therefore are not phenomena of deep significance and suggestive content. On the other hand, if animals and human beings are the object of aesthetic contemplation or presentation, the enjoyment will consist rather in the objective apprehension of these Ideas. (*W1*, 212)

In other words, the cognitive import of aesthetic experience may often be quite low. This may invite the thought that the single unifying element in his aesthetics is really the notion of pleasurable will-free contemplation, or even that his aesthetics is not unified. However, he deserves credit for realizing that the arts are regarded both as a release from the pressures of living, and as an intense form of knowledge.

The Ideas form a hierarchy of higher and lower grades of the will's objectification. The lowest are the all-pervading natural forces, the highest the Idea of humanity. Architecture is the art form that deals with the lowest Ideas concerning the behaviour of solid matter: gravity, cohesion, rigidity, and hardness (*W1*, 214). Buildings must also be of practical use, so that their potential to be pure art is, or should be, restricted. But the real core of architecture as an art is the conflict between gravity and rigidity. All the parts of a fine building should be relevant to making this conflict manifest to the observer, and should appear necessary rather than arbitrary: merely decorative elements belong to sculpture, and not to architecture as such. Also, it matters what materials a building is made from. An edifice which turned out to be of wood or pumice-stone would be a kind of sham, because materials less substantial than stone are not suited to bring out the Ideas of gravity and rigidity. We must be able to grasp in our perception the striving of the blocks towards the earth, and the counter-striving of the rigid elements which prevent them from falling. All else is irrelevant – mere beauty of shape is not a peculiarly architectural feature. The only other aspect to architecture that Schopenhauer acknowledges is light. The illumination of a building serves to reveal its fundamental structure more clearly, while that structure, by intercepting and reflecting light, 'unfolds [light's] nature and qualities in the purest and clearest way, to the great delight of the beholder' (*W1*, 216). Similar to architecture is 'the artistic arrangement of water' (*W1*, 217), which is less developed as an art simply because it is less useful than the making of buildings. The construction of fountains, waterfalls, and lakes does for the Ideas of fluidity, mobility, and transparency what architecture does for those of rigidity and cohesion.

Horticulture and landscaping provide a parallel in the realm of plants, although here Schopenhauer reckons that it is predominantly nature rather than art that does the work. Only in depictions of vegetation in painting does art come into its own. Our aesthetic enjoyment of a landscape painting whose subject is entirely vegetative or inanimate is one where 'the subjective side of aesthetic pleasure is predominant', residing in pure, will-less knowing, rather than in apprehending Ideas (*W1*, 218). But painting and sculpture become more concerned with the objective depiction of Ideas when they take animals and finally human beings as their subjects. Schopenhauer sees no important difference between confronting a person or animal face to face, and looking at an artistic representation – except that the abilities of a genius allow art to provide us with exemplars of greater beauty than nature actually provides: the genius 'impresses on the hard marble the beauty of form which nature failed to achieve in a thousand attempts, and he places it before her, exclaiming as it were, "This is what you desired to say!"' (*W1*, 222).

With depicted animals, as with animals themselves, the most beautiful individual is the one most characteristic of the species (*W1*, 220) – the lion, for example, in which we are best able to see the universal Idea of *the lion* embodied. Here, what we enjoy is less the calm of will-less contemplation, more our getting to know the animal which we see in the painting or sculpture: 'we are occupied with the restlessness and impetuosity of the depicted will' (*W1*, 219). With human beings, it is also true that the beautiful individual is the one most characteristic of the species. But there are also considerations of individual character and expression: a portrait ought to bring out the universal Idea of humanity, but of course must render the particular character of the sitter. Is this not an objection to Schopenhauer's theory that the point of art is always to express Ideas? May the strength of a work of art not lie in its conveying something particular and even arbitrary? Schopenhauer attempts to preserve the unity of his theory by maintaining that 'each person exhibits to a certain extent an Idea that is wholly characteristic of him' (*W1*, 224). But if apprehending an Idea is not always apprehending something timeless, universal, and potentially common to many individuals, it surely becomes less clear what sense we may attach to the notion.

Many paintings depict scenes from history, or from some particular legend or biblical story. But again, Schopenhauer urges that what makes them artistically significant is the extent to which they express something universal about mankind. Particular historical circumstances are irrelevant: 'it is all the same as regards inward significance whether ministers dispute about countries and nations over a map, or boors in a beer-house choose to wrangle over cards and dice' (*W1*, 231). Schopenhauer is fond of contrasting the arts with history. He takes a high-handed line, and often uses the opportunity to disagree with the Hegelian conception of history. In his view, the essential kernel of human beings is always the same, not liable to local variation or change over time. Thus he makes the startling pronouncement that 'The chapters of the history of nations are at bottom different only through the names and dates; the really essential content is everywhere the same' (*W2*, 442). History, he maintains, co-ordinates merely facts about the changing surface of humanity, and can never get beyond this. The contrasting form of discourse is poetry: 'paradoxical as it may sound, far more real, genuine, inner truth is to be attributed to poetry than to history' (*W1*, 245). 'Genuine, inner truth' is supposedly truth about what does not change, that is, the Idea of humanity.

Poetry emerges as the art form which is able to express the Idea of absolutely anything in the world, but which reigns supreme in portraying the diverse characters and actions of mankind. Again Schopenhauer distinguishes carefully between concepts, which are abstract representations formed by the subject, and Ideas, which can be accessed in direct experience and are part of the fabric of nature itself. The task for the poet is to use the conceptual means which poetry has in common with other linguistic practices, towards the distinctive end of revealing an Idea to the mind of the reader. It is this that marks poetry out as an artistic use of language, and as the province of genius – for the writer cannot make an Idea perspicuous to the reader unless he or she first has sufficient objectivity to perceive it. Poetry can be called 'the art of bringing into play the power of imagination through words' (*W2*, 424). It differs from the visual arts not only in using language, but in the degree of work that must be done by the imagination of the recipient. Schopenhauer says much that is of interest about the different genres and styles of poetry: lyric, epic, and tragic, romantic and classical (which he prefers). Sometimes the poet finds the material, the Idea of humanity in him- or herself, the result of which is lyric poetry. At the other end of the spectrum lies drama, in which the writer depicts humanity from an objective point of view.

Schopenhauer gives particular attention to tragedy, as the 'summit of poetic art' (*W1*, 252). While he is not alone in considering tragedy a supreme art form, it has especial importance for him because it is uniquely able to portray human life in what he regards as its true colours, containing the right degree of unfulfilled desire, conflict, and unmitigated suffering: 'It is the antagonism of the will with itself which is here most completely unfolded at the highest grade of its objectivity' (*W1*, 253). But seeing the Idea of humanity revealed in all its terrible truth is not the end of the matter. Schopenhauer requires that we understand also the ultimate human achievement (as he will later argue it to be) of resigning oneself, and turning against the will to life: 'we see in tragedy the noblest men, after a long conflict and suffering, finally renounce for ever all the pleasures of life and the aims till then pursued so keenly, or cheerfully and willingly give up life itself' (*W1*, 253).

Witnessing the depiction of suffering and resignation in tragedy, we learn by suffering in some measure ourselves. The best kind of tragedy, in Schopenhauer's view (which admittedly leaves out many famous instances of the genre) is where a catastrophe occurs in the course of a more or less ordinary life through no particularly grave fault of the protagonist. This kind of tragedy 'shows us those powers that destroy happiness and life, and in such a way that the path to them is at any moment open even to us. . . . Then, shuddering, we feel ourselves already in the midst of hell' (*W1*, 255). Is there room for pure aesthetic pleasure amid such terror – amid such perturbations of the will? Schopenhauer's answer invokes the Kantian conception of the sublime, in which the contemplation of something potentially destructive, viewed from the vantage point of present safety, brings a pleasurable sense of elevation. Schopenhauer gives this his own twist, however. What we rise to, above our shudderings at the depicted pain and misery of the tragedy, is, he claims, a sense of the serene abandonment of all willing which beckons from the very highest plateau that human life can reach. 'What gives to everything tragic . . . the characteristic tendency to the sublime, is the dawning of the knowledge that the world and life can afford us no true satisfaction, and are therefore not worth our attachment to them' (*W2*, 433–4).

Music

Schopenhauer's philosophical theory of music is set apart from his account of the other arts, and has enjoyed something of a life of its own in musical circles and in aesthetics. It remains one of the most striking theories of the power of music to express emotion, even if, like other attempts to explain this phenomenon, it is not ultimately convincing. Schopenhauer's view is that music is a 'copy of the will itself' (*W1*, 257). Whereas all the other art forms present us with Ideas which are the experienceable manifestation of the will, music bypasses these Ideas, and is 'as *immediate* an objectification and copy of the whole *will* as the world itself is'. The will expresses itself once as the whole world of particular phenomena and universal kinds into which they fall; it expresses itself over again as music. There are two parts to Schopenhauer's view. One attempts to explain the significance of music in terms of states of feeling and striving that we are familiar with in ourselves. The other draws a large-scale analogy between the range of phenomena in nature and the different elements of which music consists.

Here is Schopenhauer's idea about music and conscious strivings:

> The nature of man consists in the fact that his will strives, is satisfied, strives anew, and so on and on; in fact his happiness and well-being consist only in the transition from desire to satisfaction, and from this to a fresh desire . . . Thus, corresponding to this, the nature of melody is a constant digression and deviation from the keynote in a thousand

ways . . . [M]elody expresses the many different forms of the will's efforts, but also its satisfaction by ultimately finding again a harmonious interval, and still more the keynote. (*W1*, 260)

Schopenhauer contends that the progression of musical notes through time is immediately understood by the human mind as an analogy of the progress of our own inner strivings. Here are some of the many examples he gives:

as rapid transition from wish to satisfaction and from this to a new wish are happiness and well-being, so rapid melodies without great deviations are cheerful. Slow melodies that strike painful discords and wind back to the keynote only through many bars, are sad, on the analogy of delayed and hard-won satisfaction. . . . The *adagio* speaks of the suffering of a great and noble endeavour that disdains all trifling happiness. (*W1*, 260–1)

The effect of the *suspension* also deserves to be considered here. It is a dissonance delaying the final consonance that is with certainty awaited; in this way the longing for it is strengthened, and its appearance affords the greater satisfaction. This is clearly an analogue of the satisfaction of the will which is enhanced through delay. (*W2*, 455–6)

Many have found these ideas reflected especially in the composition of Wagner's *Tristan and Isolde*.

A popular prejudice is that music expresses the emotion of the composer or performer. But this is decidedly not Schopenhauer's view. Music, for him, has the peculiarity of expressing what might be called impersonal emotions:

music does not express this or that particular and definite pleasure, this or that affliction, pain, sorrow, horror, gaiety, merriment, or peace of mind, but joy, pain, sorrow, horror, gaiety, merriment, peace of mind

9. Schopenhauer's flutes among other objects in the Schopenhauer-Archiv, Frankfurt am Main

> *themselves*, to a certain extent in the abstract, their essential nature, without any accessories, and so also without the motives for them. (*W1*, 261)

If a person experiences some particular joy or sorrow in life, usually some 'motive' or representation of the way things are gives rise to the emotion. Emotions tend to be about something. But Schopenhauer is proposing that in music we grasp directly and non-conceptually the essential shape, as it were, of feeling joy or sorrow without any content – without any representation of what the emotion is about. Listeners thus recognize the pure ebb and flow of the will, of striving and satisfaction, in which their own life consists, but without their own desires being engaged, without feeling emotions themselves, and so without any risk of pain. The account remains intriguing, though we may question whether it really captures the essential nature of the emotions, or explains just how the listener is supposed to apprehend them.

Schopenhauer's other central thought about music is that it parallels the world in the range of expressions of will which it achieves. The bass is like the lowest grade of the will's objectification, 'inorganic nature, the mass of the planet' (*W1*, 258). The melody on top is analogous to 'the highest grade of the will's objectification, the intellectual life and endeavour of man' (*W1*, 259). All the parts in between, with their intervals from one another, are the various manifestations of will throughout the inorganic world and the plant and animal kingdoms. Hence, music is not merely an expression of conscious human strivings, but a copy of the will in its great diversity, and hence a re-run of the whole phenomenal world. This idea, though fanciful, is a rather fine one. Whether or not Schopenhauer's views about music can be subscribed to literally, one can understand why musicians have often been drawn to him. No other philosopher has given music such a weighty role, and few have come nearer to the impossible achievement of evoking its pleasures in a purely verbal medium.

Chapter 7
Ethics: seeing the world aright

Against Kant's ethics

In Schopenhauer's view, the ethical sphere parallels the aesthetic in that prescriptive rules, and conceptual thought in general, are not the essential thing:

> Virtue is as little taught as is genius; indeed, the concept is just as unfruitful for it as it is for art, and in the case of both can be used only as an instrument. We should therefore be just as foolish to expect that our moral systems and ethics would create virtuous, noble, and holy men, as that our aesthetics would produce poets, painters, and musicians. (*W1*, 271)

This suggests that people will either have intuitive ethical insight or they will not; and we know that Schopenhauer thinks an individual's basic character cannot be altered. Moral rules, in that case, are useful only in channelling and curbing people's behaviour: you can train an egoistic person so that his or her behaviour has less disastrous consequences, but not make him or her into a good person. Since he takes this view, Schopenhauer's philosophical ethics will not itself be prescriptive. Nor will it attempt to debate whether moral laws are universally binding, or consider what reason one has to obey them, or indeed give any theory of 'moral law' at all.

Schopenhauer's ethical theory does not stand entirely under Kant's shadow, any more than his theory of knowledge or his aesthetics – yet the shadow is always present. Kant's ethics is an ethics of duty, and tries to formulate an imperative to which the actions of the ideally rational being must conform. Schopenhauer's, by contrast, is an ethics of compassion. It tries to explain the difference between good and bad in terms of a divergence of attitudes which individuals may take towards one another, and towards the world as a whole. Morality for Schopenhauer is not a matter of duty or of 'ought'; nor can it be founded in rationality. It is a matter of 'seeing the world aright', to use Wittgenstein's later phrase. But to reach his position Schopenhauer first has to argue with Kant in some detail.

The essay *On the Basis of Morality* contains a succinct and powerful discussion of Kantian ethics, in which Schopenhauer brings forward many objections, chief among them the objection that Kant's idea of an imperative, 'You ought', is a theological notion in disguise. The language in which Kant speaks here has biblical overtones, and, to the atheist Schopenhauer, the very idea of an absolute command either trades surreptitiously on the assumption of an absolute being who may issue it, or it is unfounded. When Kant later tries to show how ethics requires an idea of God, Schopenhauer is reminded of a conjuror who, to our great surprise, pulls out of the hat something which he had planted there all along (*B*, 57). On the other hand, if there is no God, we should not simply swallow the idea of an absolute, universal imperative in the first place.

To whom, in any case, would the Kantian imperative be addressed? Not to human beings as such, but to 'all rational beings'. Schopenhauer is again scathing:

> we know *reason* as the exclusive attribute of the human race, and are by no means entitled to think of it as existing outside that race, and to set up a *genus* called 'rational beings' differing from its sole species, 'man'.

> Still less are we justified in laying down laws for such imaginary *rational beings in the abstract* . . . We cannot help suspecting that Kant here gave a thought to the dear little angels, or at any rate counted on their presence in the conviction of the reader. (*B*, 63–4)

Kant's moral imperative has to be issued to rational beings in the abstract, because his ethics sets out to be non-empirical, and to rest wholly on principles knowable a priori – that is to say, knowable in advance of experience. But this itself is something that should be queried, according to Schopenhauer. Practical morality – decision-making and judgement – is concerned with the actual conduct of individual human beings who occupy the empirical realm. This should also be the focus of the theoretical discussion which Schopenhauer calls 'morals'. He charges that Kant's moral imperative is by contrast purely formal, and so without any 'real substance' (*B*, 76).

What about the Kantian appeal to rationality? Schopenhauer points out that rational behaviour is not always morally good behaviour: 'Reasonable and vicious are quite consistent with each other, in fact, only through their union are great and far-reaching crimes possible' (*B*, 83). In other words, if one is evil, rationality will not make one any *less* evil; it may simply make one a more efficient and deadly exponent than an evil person who cannot think straight. Reason is instrumental, concerning the means towards some end which one has. An imperative will therefore motivate a rational being to action, only if he or she has an interest or end already in view. Since *human* beings are material, striving individuals who manifest the will to life, their ends tend to be egoistic. Egoism is the 'paymaster' required to cash out any formal imperative (*B*, 89): what will rationally motivate me to act in any particular case will be considerations about whether I can achieve *my* own ends.

One final criticism is perhaps worthy of mention. Schopenhauer is affronted by Kant's idea of the 'dignity of man' – our supposed 'unconditioned incomparable value' – and by the idea that human

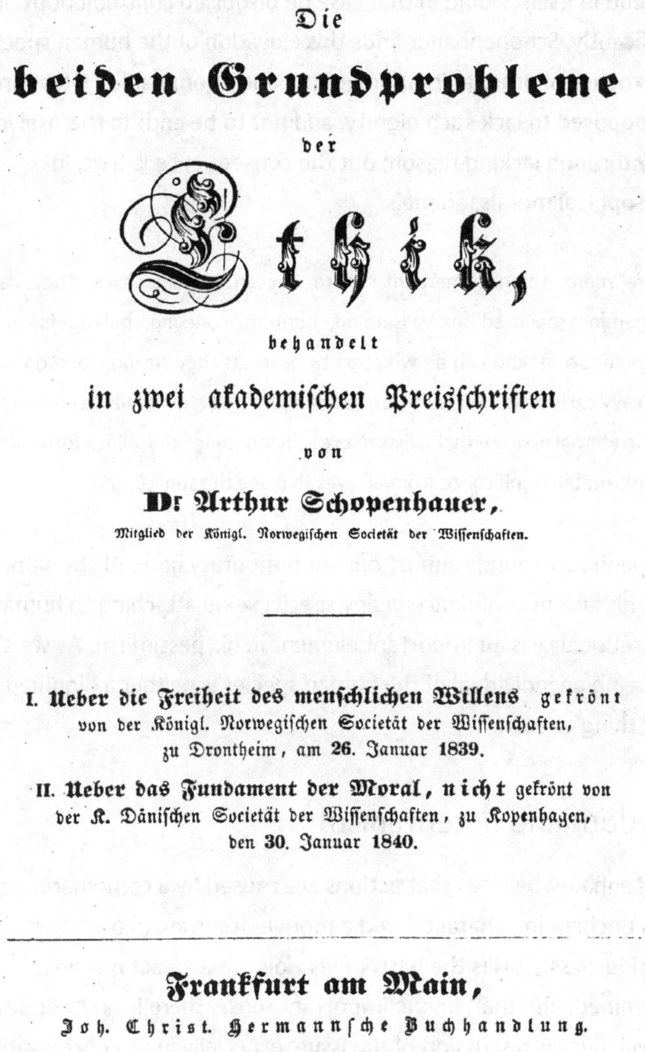

Die

beiden Grundprobleme

der

Ethik,

behandelt

in zwei akademischen Preisschriften

von

Dr. Arthur Schopenhauer,

Mitglied der Königl. Norwegischen Societät der Wissenschaften.

I. Ueber die Freiheit des menschlichen Willens, gekrönt von der Königl. Norwegischen Societät der Wissenschaften, zu Drontheim, am 26. Januar 1839.

II. Ueber das Fundament der Moral, nicht gekrönt von der K. Dänischen Societät der Wissenschaften, zu Kopenhagen, den 30. Januar 1840.

Frankfurt am Main,

Joh. Christ. Hermannsche Buchhandlung.

F. E. Suchsland.

1841.

10. Title page of *The Two Fundamental Problems of Ethics* beings must be treated as 'ends in themselves'. One ground for his criticism is that something can be a 'value' or 'end' only if it is the fulfilment of something specific that is willed. 'Unconditioned value' and 'end in itself' would in that case be disguised contradictions. More significantly, Schopenhauer finds this elevation of the human species at the expense of other animals 'revolting and abominable'. Other species are supposed to lack such dignity, and not to be ends in themselves, solely through lacking reason; but the consequence is that, in philosophical morals, animals

> are mere 'things', mere *means* to any ends whatsoever. They can therefore be used for vivisection, hunting, coursing, bull-fights, and horse racing, and can be whipped to death as they struggle along with heavy carts of stone. Shame on such a morality . . . that fails to recognize the eternal essence that exists in every living thing, and shines forth with inscrutable significance from all eyes that see the sun! (*B*, 96)

Schopenhauer sounds almost our contemporary here. At the same time, his lack of confidence in any special value attaching to humanity or to rationality is an important element in his pessimism. As we shall see, being an individual of the human species is neither a dignified nor a good thing as such.

Freedom and determinism

Schopenhauer believes that actions are caused by a combination of one's unchanging character and a motive occurring in one's consciousness. This is the basis of his claim that all actions are determined, and that, in one important sense, there is no freedom of the will. But his discussion of the issue, especially in its concentrated form in *On the Freedom of the Will*, is of considerable subtlety. As well as arguing for determinism, he makes an important distinction between different senses of 'freedom', and finishes with the reflection that the truth of determinism does not make us any less inclined to feel responsible for our actions – a fact which he rightly says still requires an explanation.

Schopenhauer brings to light a distinction, which is often overlooked, between freedom to will and freedom to act. Freedom to act is the ability to do something, if one wills to do it. This freedom can be removed by external obstacles to action, by constraining motives, laws or threats of various consequences if one acts, or by impairment of the subject's cognitive faculties. Being in prison, being at gunpoint, or having sustained brain-damage are, for example, all ways in which there can be some obstacle to one's doing what one wills. Schopenhauer accordingly lists physical freedom, moral freedom, and intellectual freedom as the three species of freedom to act. The deeper question, however, is whether I have any freedom to *will* this or that course of action. Schopenhauer arrives at his admirably straight answer to this question by examining the only two available sources of evidence: consciousness of ourselves and consciousness of things other than ourselves.

Consciousness of ourselves is powerless to tell us whether we could ever have willed otherwise than we did. In self-consciousness we are aware of doing what we want to do, by being aware of our action itself and of the motives that bring it about. But once I have chosen one course of action, say, going to Frankfurt, can I tell whether I *could* equally have chosen to go to Mannheim? The problem is this:

> Everyone's self-consciousness asserts very clearly that he can do what he wills. But since we can conceive of him as willing quite opposite actions, it follows that if he so wills he can also *do* the opposite. Now the untutored understanding confuses this with the proposition that he, in a given case, can also *will* the opposite, and calls this the freedom of the will. . . . But whether in a given case he can *will* the one as well as the other . . . calls for a deeper investigation than the one which mere self-consciousness could decide. (*F*, 23)

The question is not whether one can want or wish to do each of two opposite actions, but whether one could will them – remembering that (barring obstacles) willing is acting, for Schopenhauer. I went to Frankfurt, and I am aware that if it had been my will to go to Mannheim, I could have done that. The question is: could that have been my will? Schopenhauer's sensible answer is that, from examining my own knowledge of my actions and motives, I cannot decide this question.

On the other hand, if one looks at the causal relation between the external world and the subject who wills, one is bound to treat the case as one treats any other cause–effect relationship. I cannot regard myself alone as the one part of the world that is exempt from the principle of sufficient reason; so, if the state of affairs which caused me to go to Frankfurt were exactly repeated, it could only cause me to go to Frankfurt. It makes no difference that part of the cause is a process of rational deliberation. Schopenhauer contends that if my character and the motive – my representation of reality – were to remain the same, then I could not have willed otherwise. In this sense, there is no free will. We think we have it, but all that we have is the freedom to do what we will, with which it is so easily confused.

The argument is already cogent, but the way in which Schopenhauer caps it shows his peculiar skill as a philosophical writer. Imagine a man standing on the street at six o'clock in the evening, he says, musing on the following thoughts: 'The working day is over. Now I can go for a walk, or I can go to the club; I can also climb up the tower to see the sun set' – and so on – 'I also can run out of the gate, into the wide world, and never return. All of this is strictly up to me, in this I have complete freedom. But still I shall do none of these things now, but with just as free a will I shall go home to my wife.' Schopenhauer's comment?

> This is exactly as if water spoke to itself: 'I can make waves (yes! in the sea during a storm), I can rush down hill (yes! in the river bed)' I can plunge

> down foaming and gushing (yes! in the waterfall), I can rise freely as a stream of water into the air (yes! in the fountain), I can, finally, boil away and disappear (yes! at a certain temperature); but I am doing none of these things now, and am voluntarily remaining quiet and clear water in the reflecting pond. (*F*, 43)

After stating his case for determinism, however, Schopenhauer reserves the right to a 'higher view'. 'For there is another fact of consciousness which until now I have left completely aside', he says. 'This is the wholly clear and certain feeling of the *responsibility* for what we do, of the accountability for our actions, which rests on the unshakable certainty that we ourselves are the doers of our deeds' (*F*, 93–4). As some philosophers have said recently, the truth of determinism does not take away this 'certain feeling' that we are accountable for our actions, that they are in some sense 'up to us'.

Schopenhauer now turns to a distinction in Kant's ethics, namely that between a person's empirical character and their intelligible character, 'one of the most beautiful and profound ideas brought forth by that great mind, or indeed by men at any time' (*F*, 96). This is another aspect of the backbone distinction between appearance and thing in itself with which we have dealt all along:

> the empirical character, like the whole man, is a mere appearance as an object of experience, and hence bound to the forms of all appearance – time, space, and causality – and subject to their laws. On the other hand, the condition and the basis of this whole appearance . . . is his intelligible character, i.e. his will as thing in itself. It is to the will in this capacity that freedom, and to be sure even absolute freedom, that is, independence of the law of causality (as a mere form of appearances), properly belongs. (*F*, 97)

The basic idea is quite simple: if I cannot escape from causal necessity as part of empirical reality, then an aspect of me that is beyond empirical reality may do so. Schopenhauer points out that when we hold someone accountable we blame the person for his or her character, or for what he or she *is*, using actions merely as evidence for this. He suggests that I must be responsible for what I am – my intelligible character behind appearances, from which issue all my actions. Freedom is not eliminated, but moved out of the empirical realm.

Here Schopenhauer faces some serious problems. One is that, on his own view, my character is inborn and unchanging. In what sense can I then be responsible for being what I am? Another problem is that *I* seem to disappear from the world in itself. The thing in itself is not split up into individuals – a crucial claim throughout Schopenhauer's philosophy. '*My* will as thing in itself', my intelligible character, ought not to be separate from the world as whole; and so it is hard to see how I could be held responsible for 'what I am in myself'. Schopenhauer is right in saying that we do regard a person as responsible for actions, thinking of the person as their true source, regardless of their place in a causal chain of events. But, although his may be an acute diagnosis of the problem of free will, Schopenhauer's solution is not really credible.

Egoism and compassion

What then is the true basis of morals, according to Schopenhauer? The answer may be given in three stages. One concerns the single principle which, he claims, all moral actions conform to, namely: 'Injure no one; on the contrary, help everyone as much as you can' (which he gives in Latin: *Neminem laede, imo omnes quantum potes, juva*). The second stage of the answer is an attempt to explain the basic psychological attitude which alone can spur people on to moral actions, namely compassion or sympathy. Ultimately, however, the basis of morals is not reached until the third stage, in which we are given a metaphysical account of how the compassionate attitude is both possible and justified.

The '*Neminem laede*' principle can be broken into two parts: 'Injure no one' and 'Help everyone as much as you can'. Actions which conform to the first part Schopenhauer calls instances of voluntary justice, while those which conform to the second are instances of disinterested philanthropy, or 'loving-kindness' towards other human beings (and presumably towards animals too: in line with his earlier censure of Kant, Schopenhauer adduces the fact that we *do* feel compassion towards animals [*B*, 175–8]). No action except those of pure justice or philanthropy can count as having true moral worth (*B*, 138–9). Schopenhauer takes it as a premiss that such acts, however rare and surprising, are acknowledged to occur, and are universally regarded as being good. Examples range from self-sacrifice in battle to someone's returning a lost object which they could have kept without any consequences, or giving alms to a beggar when they stand to gain nothing from doing so. Justice and philanthropy both stem from compassion, which manifests itself either as pure concern to promote the well-being of another, or as pure distress at the suffering of another.

Every human being, according to Schopenhauer, has some element of compassion in their character (*B*, 192). But there are vast differences in the proportion of compassion with which we are endowed. Some are overflowing with it, some have virtually none in them. Schopenhauer thinks that only actions from compassion have moral worth, and that we judge primarily what a person is, using their actions merely as evidence. If we follow him in all this, we shall have to admit that some human beings are greatly more good than others, and that some, though they might occasionally act from compassion, are not good. Whether or not that is a problem, it pales into insignificance compared with the difficulty of explaining how, on his view, compassion is possible at all, and how it can be an incentive to action.

If some part of everyone's make-up is compassion, what is the rest? Schopenhauer's claim in full is this:

> Man's three fundamental ethical incentives, egoism, malice, and compassion, are present in everyone in different and incredibly unequal proportions. In accordance with them, motives will operate on man and actions will ensue. (*B*, 192)

Schopenhauer helps us with a succinct explanation of the three incentives. Compassion is the incentive to seek the well-being of another (or to alleviate their woe). Malice is the incentive to seek the woe of another; egoism the incentive to seek one's own well-being. We may wonder whether the logic of this triad is quite right: is not malice really a kind of self-seeking, a kind of egoism? In Schopenhauer's defence, the reply must be that some malice at least is not egoistic. Much that we can set down as cruelty is done at the behest of one's own gain in some form or other: it is then a means to an egoistic end. But what Schopenhauer means by pure malice is something as exceptional as pure philanthropy: the kind of depraved or 'devilish' action where the agent sets aside his or her own well-being as an aim, simply in order to harm someone else (*B*, 136) – what one might call disinterested malice. The triad of egoism, malice, and compassion is thus a genuine threesome, although many cruel and wicked actions do not arise from malice proper.

Nevertheless it is the egoistic incentive that compassion most has to contend with, because it is egoism that makes up the bulk of each individual: 'The chief and fundamental incentive in man as in the animal is *egoism*, that is, the craving for existence and well-being' (*B*, 131). Each individual is a material organism in which will to life expresses itself: hence striving for one's own ends is fundamental to each individual. Indeed, so fundamental is it on Schopenhauer's theory that one must wonder how compassionate action is possible at all. If action is always a bodily striving of the individual towards some end of its own, compassion, which is supposedly the only genuine moral incentive, ought never to move any individual to action. Egoism is 'colossal' and 'natural':

> every individual, completely vanishing and reduced to nothing in a boundless world, nevertheless makes himself the centre of the world, and considers his own existence and well-being before everything else. In fact, from the natural standpoint, he is ready for this to sacrifice everything else; he is ready to annihilate the world, in order to maintain his own self, that drop in the ocean, a little longer. This disposition is *egoism*, which is essential to everything in nature. (*W1*, 332)

Egoism 'towers over the world' (*B*, 132) to such an extent that, without the constraint of laws embodied in the state, individuals would be engaged in *bellum omnium contra omnes*, a war of all against all (*B*, 133). All this suggests that action motivated by pure concern for the well-being of others should be not only rare, but so contrary to our nature as to be impossible. Schopenhauer has to admit that compassion is one of the mysteries of ethics. His only choice is to say that compassion is a primitive anti-egoistic trait which, as a matter of sheer fact, is present in us. But how compassion can 'reside in human nature' (*B*, 149) is deeply mysterious given that the human being is a naturally egoistic expression of will to life.

The metaphysics of morals

The final stage of Schopenhauer's ethics, however, seeks to rest the compassionate attitude on a metaphysical foundation. Compassion turns out to reflect a view of oneself and the nature of reality which differs from that implicit in egoism, and is superior to it. Schopenhauer can thus say that compassion is a good thing not only because it tends to decrease the sum of suffering in the world, but because it embodies a truer metaphysical picture.

The initial thought is that it is possible for me to feel compassion only if 'to a certain extent I have identified myself with the other person, and in consequence the barrier between the I and the non-I is for the moment abolished' (*B*, 166). Schopenhauer takes rather literally the idea contained in 'compassion' or 'sympathy' (German *Mitleid*) that one person 'suffers with' another. Thought for my well-being has to yield its place in my motivation to thought for another's well-being; and it would be inexplicable how that could happen unless I could make the other's suffering and well-being intimately my own concern. Only if I share your suffering, in some sense feeling it as my own, can your well-being, or the alleviation of your woe, come to motivate me. To be compassionate, someone must, says Schopenhauer, 'make less of a distinction than do the rest between himself and others' (*B*, 204).

But now he can argue that the compassionate person is committed to a different metaphysical view:

> The *bad* man everywhere feels a thick partition between himself and everything outside him. The world to him is an *absolute non-I* and his relation to it is primarily hostile. . . . The good character, on the other hand, lives in an external world that is homogeneous with his own true being. The others are not non-I for him, but an 'I once more'. His fundamental relation to everyone is, therefore, friendly; he feels himself intimately akin to all beings, takes an immediate interest in their weal and woe, and confidently assumes the same sympathy in them. (*B*, 211)

Which is the correct view of the world? The appearance/thing in itself dichotomy will tell us. From the point of view of the world of representation, governed by space and time which are the principle of individuation, reality consists of separate individuals, of which any moral agent is one. So the person who thinks 'Each individual is a being radically different from all others . . . everything else is non-I and foreign to me' (*B*, 210) is right about the world of appearance. But beneath this lies the world as thing in itself, which is not split up into individuals, but just is *the world* – whatever that ultimately is. So the supposedly more profound view is the one which considers individuation to be 'mere phenomenon' rather than ultimately part of reality. From this point of view, no one is distinct from anything else in the world, and so can recognize 'in *another* his own self, his own true inner nature' (*B*, 209). Schopenhauer's Indian thoughts come to the fore suddenly: the conception of the world as composed of separate individuals is *Mâyâ* – 'i.e. illusion, deception, phantasm, mirage' (*B*, 209), while knowledge of the deeper, more correct, non-individuating view is expressed in the Sanskrit *tat tvam asi:* this art thou (*B*, 210).

At first sight this idea seems so extreme as to expunge the possibility of compassion altogether. If I really believed that you were not distinct from me, the attitude with which I regarded you could only be a strange kind of egoism. Genuine compassion, on the other hand, surely presupposes belief in distinctness as a minimum condition. An even more graphic objection is that, if the world in itself is without individuation, it does not even contain *me:* it certainly does not contain me as this bodily, willing human being, nor does it contain the thinking 'I' that I regard myself as being from a subjective point of view. It is hard to see how the belief in the illusoriness of all individuals, including the individual which I am, could support a compassionate attitude between the individual that I am and the individual beggar to whom I give money.

But perhaps this is too simplistic a response. What Schopenhauer has recognized is the possibility of an attitude to the world which does not take one's existence as a particular individual to be of paramount significance: a 'universal standpoint' as opposed to a particular one (*W2*, 599–600). In order to adopt this standpoint, one need not abandon the belief in separate individuals altogether. Compassion is supposed to motivate actions which one must carry out as an individual, towards other individuals. What might ground such actions is the idea that, though individuals are separate, there is nothing of any fundamental importance about the individual which I am. If the beggar and I are both equal portions of the same underlying reality, equal manifestations of the same will to life, then from the point of view of the world as a whole, it is a matter of indifference whether my ends are promoted and the beggar's thwarted, or vice versa. This thought seems genuinely capable of grounding a compassionate outlook. The belief that I simply am not an individual separate from the rest of reality is not what does the work here; rather it is that, though being an individual (and naturally egoistic) thing in the world, my perspective does not always have to be one of identification with the individual that I am. As in Schopenhauer's account of aesthetic experience, I need not accept the natural standpoint of individuality as the one from which I must always regard things. In the next chapter we shall see that the individual's renunciation of his or her individuality not only makes aesthetic value and moral worth possible for Schopenhauer, but is the only attitude which can compensate for his or her existing at all.

Chapter 8
Existence and pessimism

Ineliminable suffering

> Awakened to life out of the night of unconsciousness, the will finds itself as an individual in an endless and boundless world, among innumerable individuals, all striving, suffering, and erring; and, as if through a troubled dream, it hurries back to the old unconsciousness. Yet till then its desires are unlimited, its claims inexhaustible, and every satisfied desire gives birth to a new one. No possible satisfaction in the world could suffice to still its craving, set a final goal to its demands, and fill the bottomless pit of its heart. In this connexion, let us now consider what as a rule comes to man in satisfactions of any kind; it is often nothing more than the bare maintenance of this very existence, extorted daily with unremitting effort and constant care in conflict with misery and want, and with death in prospect. Everything in life proclaims that earthly happiness is destined to be frustrated, or recognized as an illusion. The grounds for this lie deep in the very nature of things. (*W2*, 573)

The Fourth Book of *The World as Will and Representation* is its austere final movement. Schopenhauer's style matches the greater seriousness of the discussion (*W1*, 271), which, together with the topics in ethics we have already looked at, addresses – to use a hackneyed phrase – the human condition itself. Few writers have the insight and eloquence to make a philosophically interesting contribution in this area, but Schopenhauer is undoubtedly one of them.

Schopenhauer looks around the world and finds it full of suffering – frustration, tedium, pain, and misery. It might be thought that this is just a matter of personal propensity. Someone else might point out the occurrence of good fortune, innocent joy, contentment, and reward for honest toil – so is not Schopenhauer merely carrying out a highly selective inventory? If so, his pessimism would be superficial and gratuitous. But this is not the case. Whether we agree with him or not, he has arguments for far-reaching conclusions about the value that can attach to human existence. It must contain suffering, and cannot be preferable to non-existence. It would even have been better for reality not to have existed. These claims make Schopenhauer a pessimist in a philosophically interesting sense.

The first point is that suffering is ineliminably present in the existence of any human individual. As material, living creatures, our ordinary existence is such that we must strive towards ends. But, Schopenhauer argues, a being who strives, and who is conscious of his or her ends and of whether they are fulfilled, is a being who suffers. Part of this can be understood in terms of egoism. Among a multitude of individuals, each of whom must strive in order to exist, conflicts of ends will occur, and, barring the mysterious intervention of compassion, suffering will result. Since compassion is not ubiquitous, nor even widespread, one's life as a human individual among others will be very likely to contain episodes in which one suffers, and episodes in which one brings about suffering.

However, willing itself is closely intertwined with suffering in another way. First, willing could not spring from a state of total sufficiency and contentment. A being strives only if it experiences a lack or deficiency, and experiencing a lack is already a form of suffering. Secondly, in the course of events one does not attain some of the ends for which one strives. If one does not achieve an end, one's original lack is prolonged, which, together with the consciousness of not achieving one's end, is further suffering. Perhaps we can imagine a being that was always successful in its striving – but that is of little help to Schopenhauer. For what happens when we achieve an end towards which our striving has been directed? The resulting state is called satisfaction or happiness; but, he claims, this state is of value only relative to the deficiency which it removes. Satisfaction can occur only in a being that has suffered, and it has any value only relative to some particular episode of suffering. Schopenhauer puts the point by saying that satisfaction is negative, and pain positive. Pain is something which we feel, but satisfaction is an absence; to be satisfied is simply to return to neutral by wiping out a felt deficiency. And the mere state of feeling no deficiencies, and so having nothing to strive for, has no positive value in its own terms. If it continues for any length of time it is simply boredom, which Schopenhauer often mentions as one of the pervasive features of life. Finally, the attainment of ends never makes striving cease altogether. 'Every satisfied desire gives birth to a new one': whatever striving of ours is successful, we shall soon continue to strive for further ends, and hence to suffer further. Therefore, striving cannot eliminate suffering as such. While we exist, nothing we can undertake to *do* will stop us from willing, or, therefore, from having to suffer.

It is important for Schopenhauer that life's containing suffering is not redeemed by suffering's having any positive point. Many lives, as a matter of fact, strike a balance between suffering and contentment which suffices to make them bearable:

> This is the life of almost all men; they will, they know what they will, and they strive after this with enough success to protect them from despair, and enough failure to preserve them from boredom and its consequences. (*W1*, 327)

But if we consider simply that there is suffering, and ask whether existence containing suffering is something good, we cannot say that suffering is redeemed by some good over and above existence itself. If suffering in general is to be redeemed, it must be by its being simply good to exist as a human individual, come what may. And, as we shall see, that is something which Schopenhauer denies outright. But so far, if we accept Schopenhauer's argument, we can at least conclude that the happiness attainable by any human being must be bound up with suffering. To imagine an existence free of suffering is to imagine an existence that is not that of a human individual.

Death

What attitude should any of us take towards the most obvious fact about our existence – that it will cease? We do tend to fear death, not on any good rational ground, according to Schopenhauer, but because we are manifestations of will to life: a 'boundless attachment to life' is inborn in us as much as it is in all animals (*W*2, 465). We might be right to fear dying, if that process involved pain, but then the object of fear would be pain, rather than being dead. Schopenhauer presents a couple of familiar arguments for the view that fear of being dead is irrational. One is the argument from symmetry: we did not exist for an infinite time before birth, and that is a matter of indifference to us, so we ought to regard similarly our not existing again. The other is Epicurus' argument that precisely *because* it involves our non-existence, death should not be feared: to something that does not exist, it cannot matter that it does not exist.

Schopenhauer does, however, offer a more positive consolation. He accepts that death is the cessation of the individual human being, but maintains that this is not the only way in which it should be regarded. The opinion of many in contemporary Europe vacillates between the view of death as absolute annihilation and the notion of immortality. But both opinions are 'equally false' (*W2,464*). This becomes apparent from a 'higher standpoint' which once again exploits the distinction between thing in itself and phenomenon. The individual that I am is merely part of the world of phenomena. It occupies certain portions of space for a certain time, after which it ceases to exist. From the point of view of the individual, death is annihilation, and it would be absolute annihilation of me, if this particular phenomenal individual were all that I am. However, if I am also something in myself, outside all time and change, then death cannot be my end:

> the greatest equivocation really lies in the word 'I' . . . According as I understand this word, I can say: 'Death is my entire end'; or else: 'This my personal phenomenal appearance is just as infinitely small a part of my true inner nature as I am of the world.' (*W2*, 491)

'My true inner nature' here must refer to the same thing as 'the world', because reality *in itself* is not subject to any individuation. The 'higher standpoint' thus yields the thought that I am the world; and, thinking this, one can take the supposedly consoling view that the ephemeral individual to which 'I' usually refers is really not worth worrying about.

Once again Schopenhauer is trying to loosen the hold of the usual identification which we make of ourselves with an individual. The world manifests itself as me here and now, but after I cease to exist, the same world will manifest itself in the same way as other individuals of the same species, each of which will find itself as the subject of consciousness, refer to itself as 'I', pursue its ends, experience suffering and satisfaction, and cease to exist in turn. Reality in itself, I am supposed to think, is indifferent between one such manifestation of will and another. Nature itself does not grieve over the destruction of any particular part of itself, and will carry on existing without me. If I share with all other phenomena the same 'inner nature', then the very core of what I am carries on, regardless of the passing of phenomena. Indeed, 'carries on' is a misleading way to put Schopenhauer's point. Reality in itself is eternal in the sense of timelessness. I have my 'now', and every other phenomenon that was or will be has its time, which for it is equally a 'now'. But from the point of view of reality in itself, time is an illusion.

Hence the phenomenal fact that some particular thing will not exist later than now is not a fact about reality in itself.

Two concerns arise here: that this may not be convincing as an exercise in metaphysics, and that it might fail to be consoling even if it were thus convincing. The notion that the thing in itself is undifferentiated and timeless stems from Schopenhauer's idealist doctrine of space and time, and may well be questioned if we have doubts about that doctrine. The really troublesome point, however, is the idea that *I* am somehow present in the timeless, undifferentiated world. Schopenhauer has previously told us that 'I' refers to the material, striving, human being, and to the pure subject of consciousness which we find ourselves as, and which would not exist were it not for the human being with his or her bodily organs. But how could anything to which 'I' refers remain if the human being ceased to exist, taking with it the subject's consciousness? What we said when discussing the compassionate person's non-egoistic world-view applies again to the higher perspective on death: it is impossible to find *myself* in the picture of ultimate reality that it requires.

The question whether Schopenhauer's higher view of death could be consoling is a difficult one. He tries to inculcate the thought that one's own death has no great significance in the order of things. But if one accepted his reasons for taking this attitude, ought one not to think that one's life has just as little significance? And is that a consoling thought? Schopenhauer appears to think so:

> death is the great opportunity no longer to be I . . . Dying is the moment of that liberation from the one-sidedness of an individuality which does not constitute the innermost kernel of our true being, but is rather to be thought of as a kind of aberration thereof. (*W2*, 507–8)

In fact, Schopenhauer recognizes two distinct outlooks for which his view of death might be a consolation. The first, the *affirmation of the will to life*, is the outlook of someone who would, as it were, stand on the earth with 'firm, strong bones':

> A man . . . who found satisfaction in life and took perfect delight in it; who desired, in spite of calm deliberation, that the course of his life as he had hitherto experienced it should be of endless duration or of constant recurrence; and whose courage to face life was so great that, in return for life's pleasures, he would willingly and gladly put up with all the hardships and miseries to which it is subject. (*W1*, 283–4)

This person could be consoled by Schopenhauer's doctrine of our indestructibility by death: 'Armed with the knowledge we confer on him, he would look with indifference at death hastening towards him on the wings of time. He would consider it as a false illusion' (*W1*, 284). Such a person would think that living as an individual is fine, but that the cessation of this life is powerless to detract from that.

Schopenhauer suggests that suicide stems from this same attitude of affirmation towards life. The explanation of this (which seems at first bizarre) is as follows: if I regard the pleasures of life as of positive value, despite its pains, I always run the risk that life's pains will come to outweigh its pleasures. If I continue to want life for its potential positive side, but come to believe that only suffering is available, the solution is to stop living. However:

> Far from being denial of the will, suicide is a phenomenon of the will's strong affirmation. For denial has its essential nature in the fact that the pleasures of life, not its sorrows, are shunned. The suicide wills life, and is dissatisfied merely with the conditions on which it has come to him. Therefore he gives up by no means the will to life, but merely life, since he destroys the individual phenomenon. (*W1*, 398)

Thus the character who wills the endless recurrence of his or her life (from whom, again, Nietzsche seems to have learned something), and the character who ends his or her life when suffering becomes too great, really take one and the same stance of affirmation. Both, though, would be missing something else: they would not have come to know the truth as Schopenhauer sees it, that 'constant suffering is essential to all life' (*W1*, 283). The alternative outlook, which encompasses this truth, consists in the *denial of the will to life*. Recognizing that suffering pervades any existence as an individual manifestation of will to life, and that achieving ends can never be divorced from suffering, this attitude ceases to look for any positive value in the life of the individual human being, even from its passing moments of satisfaction. This provides a unique attitude to death:

> to die willingly, to die gladly, to die cheerfully, is the prerogative of the resigned, of him who gives up and denies the will to life. . . . He willingly gives up the existence that we know; what comes to him instead of it is in our eyes *nothing*, because our existence in reference to that one is *nothing*. The Buddhist faith calls that existence *Nirvana*, that is to say, extinction. (*W2*, 508)

Denial of the will

The will to life must be denied – 'if salvation is to be attained from an existence like ours' (*W1*, 405). Salvation is a religious doctrine, and Schopenhauer is keen to link his philosophical discussion with Christianity, Brahmanism, and Buddhism, claiming that the core of all these religions, leaving aside mythical trappings and recent doctrinal accretions, is really the same. Even God is not to the point: the philosophical import is available to an atheist quite as much as to a theist (*W1*, 385), and is that we must renounce, or say No to, our nature as human beings, if we are to find true value in existing. The real self is the will to life (*W2*, 606), and since this is also what must be denied, salvation lies in self-denial or self-renunciation. 'In fact', he says, 'nothing else can be stated as the aim of our existence except the knowledge that it would be better for us not to exist' (*W2*, 605).

In 'denial of the will to life', one turns against the particular manifestation of will to life found in oneself, which means turning against the body, and against one's own individuality. Thus one ceases, as much as possible, to strive for one's own egoistic ends, ceases to avoid suffering or to seek pleasure, ceases to desire propagation of the species, or any sexual gratification – in short, one looks down on that willing part of nature which one is, and withdraws from one's identification with it. Such an apparently unpalatable state is made to seem worthy of attainment by Schopenhauer's elevated prose:

> we can infer how blessed must be the life of a man whose will is silenced not for a few moments, as in the enjoyment of the beautiful, but for ever, indeed completely extinguished, except for the last glimmering spark that maintains the body and is extinguished with it. Such a man who, after many bitter struggles with his own nature, has at last completely conquered, is then left only as pure knowing being, as the undimmed mirror of the world. Nothing can distress or alarm him any more; nothing can any longer move him; for he has cut all the thousand threads of willing which hold us bound to the world, and which as craving, fear, envy, and anger drag us here and there in constant pain. (*W1*, 390)

> Then, instead of the restless pressure and effort; instead of the constant transition from desire to apprehension and from joy to sorrow; instead of the never-satisfied and never-dying hope that constitutes the life-dream of the man who wills, we see that peace that is higher than all reason, that ocean-like calmness of the spirit, that deep tranquillity, that unshakable confidence and serenity, whose mere reflection in the countenance, as depicted by Raphael and Correggio, is a complete and certain gospel. Only knowledge remains; the will has vanished. (*W1*, 411)

Despite its kinship with the tranquil contemplation of the beautiful, the denial of the will is not to be reached by an aesthetic route. It is reached first by a saintly life, one whose justice and philanthropy arise from the insight that egoism, individuation, and the whole phenomenal world are a kind of delusion. The supposed knowledge that all things are identical at the level of the 'in itself' leads to the total surrender of egoism, and to the embracing of all suffering as one's own. This 'knowledge of the whole' then becomes the '*quieter* of all and every willing' (*W1*, 379), and turns the will against its natural state of self-affirmation. Another, secondary route to the same state is through suffering itself. This is more common, according to Schopenhauer, since the saintly life is not only rare, but extremely hard to sustain in the face of the allurements of the will (*W1*, 392). There are those, however, in real life or in tragic art, whose own individual pain is of such duration or intensity that their will to life is broken. Then, as a 'gleam of silver that suddenly appears from the purifying flame of suffering', the state of salvation may arrive in which they renounce all their desires, rise above themselves and above suffering in a state of 'inviolable peace, bliss and sublimity' (*W1*, 392–3).

Schopenhauer points to numerous practices and experiences which he thinks bear out his descriptions of self-renunciation:

> Quietism, i.e. the giving up of all willing, asceticism, i.e. intentional mortification of one's own will, and mysticism, i.e. consciousness of the identity of one's own inner being with that of all things, or with the kernel of the world, stand in the closest connexion, so that whoever professes one of them is gradually led to the acceptance of the others, even against his intention. Nothing can be more surprising than the agreement among the writers who express those teachings, in spite of the greatest difference of their age, country, and religion. (*W2*, 613)

The ascetic, not content with willing the well-being of others, actively seeks to counter the ends of the will as it expresses itself in the body. ('One's own woe' is thus a fourth *incentive* to action, to be set alongside those of egoism, malice, and compassion [*W2*, 607].) Schopenhauer describes the ascetic thus: 'His body, healthy and strong, expresses the sexual impulse through the genitals, but he denies the will, and gives the lie to the body' (*W1*, 380). Voluntary abstention from sexual activity – that most powerful manifestation of will to life – is accompanied by intentional poverty, non-avoidance of injury or ignominy from others, fasting, self-castigation, and self-torture. Since all these occurrences are pursued as deliberate ends, asceticism cannot be identical with total will-lessness. The latter must occur unpredictably as the 'sudden gleam of silver' arising out of suffering; one can deliberately engineer suffering, but true salvation does not come about by intention or design.

Mysticism, meanwhile, is simply 'consciousness of the identity of one's own inner being with that of all things'. Schopenhauer claims to have arrived at a philosophical delineation of the state which mystics achieve in subjective experience. But since this experience cannot be communicated, he arrives at the limits of philosophy:

> when my teaching reaches its highest point, it assumes a *negative* character, and so ends with a negation. Thus it can speak here only of what is denied or given up. . . . Now it is precisely here that the mystic proceeds positively, and therefore, from this point, nothing is left but mysticism. (*W2*, 612)

Schopenhauer's book, having begun with the words 'The world . . .', does indeed end with ' – Nothing'. The phenomenal world is negated by those whose will has turned against it, and they embrace sheer nothingness in return; but then, from their altered point of view, the whole of this world can be set at nought. Having given up placing any positive value in the human round of happiness and suffering, the will-less subject finds a new value in the very rejection of what has ordinary human value.

However sympathetic or unsympathetic we may be to Schopenhauer's final doctrine, we must surely worry whether it is really coherent at all. We have often enough questioned whether I can think of *myself* as existing in a world deprived of all differentiation between individuals. But, even setting that aside, someone might ask: how can I acquiesce in a tranquil vision of my identity with the kernel of the world, if that kernel is the detested will to life, the very thing which it is so desirable for me to escape? There is, however, a reply to this worry. We must not forget Schopenhauer's distinction between knowing and willing. To *know* the whole world as an all-pervading, purposeless will to life is not the same as colluding with that will as it expresses itself in one's own body – it is not the same as willing on behalf of this particular individual. Salvation is achieved by knowledge for Schopenhauer, but not by knowledge that any good state of affairs obtains. To see the world as a whole from which I am not distinct is of value because it liberates me from the treadmill of striving, happiness, and suffering – but not because I come to understand the world as a good thing. The world is not a good thing, and nor am I, for Schopenhauer. But some value can be salvaged if I stand back and know the terrible place from a universal standpoint, rather than carrying on willing in unquestioning identification with one small part of it.

A final concern about the denial of the will is whether it is always bound to be an act of will. If I have a choice whether to affirm or deny my will to life, then, at some higher level, I must be willing to deny the will. This would not be a contradiction if the 'higher' willing, which discriminates between affirmation and denial, was of a kind not subordinate to the will to life: I could then decide at will to deny my will to life. But if Schopenhauer were to think that all willing is a form of will to life, and that the denial of will to life is something I undertake at will, then his position would be quite incoherent. The best resolution of this problem is to say that denial of the will simply occurs in a subject, and is not a consciously undertaken act. One's natural compassion for every being, or the degree of one's suffering, overcome one's egoism to such an extent that it becomes impossible to strive any longer for the ends that arise out of one's own parochial existence. His other description of this is 'the will to life turning against itself'. At the end of *The World as Will and Representation* he writes not of 'those who have denied the will', but of 'those in whom the will has turned and denied itself' (*W1*, 412). It is important that the agency here is not straightforwardly *mine*. Just as it is not I who originally throw myself into life, so it is not I who turn against the will to life. The 'agent' here is the will to life, which turns against itself. So denial of the will really is *not* an act of will of the person in whom it happens. However, Schopenhauer sometimes writes as if it were. Those in whom the will has turned must constantly 'struggle' against affirmation of the will, which is the body's natural state; they must 'strive with all their might to keep to this path by self-imposed renunciations of every kind' (*W1*, 391). The will to life within in me is recalcitrant, and reverts to affirming itself, even if it has previously been broken by saintliness or intense suffering, so here is a case where *I* must continue to will its denial after all.

Pessimism

Schopenhauer's philosophical pessimism resides in two connected theses: that for each individual it would have been better not to have been born, and that the world as a whole is the worst of all possible worlds. The argument for the first starts from the point that, for the ordinary, striving human being, life must contain suffering, and from the claim that all satisfaction is purely of negative value, being the cessation of suffering. Schopenhauer moves from here to the idea that no satisfaction achievable within human existence can compensate for the suffering that it must also contain. It is as if, in the balance, no satisfaction can weigh anything at all by comparison with any suffering, however small. The mere existence of evil in the world makes it something whose non-existence is preferable to its existence – we should wish not only not to have come into existence ourselves, but that this world in which we must suffer had not come about (*W2*, 576). All in all, our condition is 'something that it were better should not be' (*W2*, 577).

Now this argument is not one that we have to accept. It is quite plausible that our life has no purpose, that it must contain suffering, and that no satisfactions can ever expunge the evil of any single pain; in this sense the line Schopenhauer quotes from Petrarch, '*mille piacer' non vagliono un tormento*' – 'a thousand pleasures do not compensate for one pain' (*W2*, 576), is correct. Also, it may be true that existence is *not guaranteed* to be better than non-existence. And if, as Schopenhauer claims – again with some plausibility – 'nine-tenths of mankind live in constant conflict with want, always balancing themselves with difficulty and effort on the brink of destruction' (*W2*, 584), then the total of individual lives that are better than non-existence may be much smaller than we like to think. Still it does not follow that everyone should consider their actual existence worse than non-existence. The crucial premiss needed for this is that *any* suffering contained in a life makes non-existence preferable to it. But this step commits us to thinking that seventy years of contentment are rendered worthless by a single episode of pain – and that is surely incredible. We should question more strenuously the idea that all satisfaction is negative – the idea that while pain is *felt*, satisfaction is a mere restitution of neutrality. It is true that however many parts of one's life are happy, they do not take away the pain of the parts in which one suffers. But it should be equally true that the mere fact of suffering does not take away the value of the parts in which one does not suffer, which may happen to be quite numerous.

Schopenhauer is scathing about optimism, the view that this is the best of all possible worlds – 'The absurdity is glaring!' (*W2*, 581). His strongest attack is the argument that this is rather the worst of all possible worlds, which goes as follows: 'Take "possible" to mean "what can actually exist and last". Then, since "this world is arranged as it had to be if it were to be capable of continuing with great difficulty to exist" (*W2*, 583), we can see that a worse world than this could not continue to exist. Therefore, this is the worst world that is possible.' This is a curious argument. Schopenhauer cites a number of pieces of evidence for the claim that the world is continuing to exist only with great difficulty.

Nine-tenths of the human race live on the margins of extinction, many species have entirely disappeared, a very small change in temperature or the composition of the atmosphere would extinguish life altogether, the planet could easily be destroyed by collisions within the solar system, or by the forces beneath its own crust. So perhaps there are many possible worlds that are more remote from catastrophe than the present one – and if so, it may be salutary to be informed of that. But we can clearly imagine many changes distinctly for the worse in this world which would fall short of destroying it or its inhabitants. Many people nowadays believe the environment is becoming gradually less and less favourable for life. But if Schopenhauer were right, this view would be untenable: the end of the world would have to be as nigh now as it ever could be – and there appears no reason to accept this extreme view.

Schopenhauer's arguments for these extreme pessimist doctrines therefore fail to convince. However, his pessimism succeeds in advancing something less extreme and wholly believable, which is this: to think that we are *meant* not to suffer, that we somehow deserve happiness, or that the world owes us the fulfilment of our purposes, is a mistake – as is also the belief that being alive is simply a good a thing, whatever it brings. His protracted, moving discussions of the vanity or worthlessness (*Nichtigkeit*) of life enable us to escape from these optimistic delusions into a view which is harder, but arguably more humane: that life itself has no purpose, that suffering is always part of it, and that its end may sometimes be welcomed.

Despite this, it is sometimes suggested that Schopenhauer is not in the end a genuine pessimist at all. For it is not as if he really thinks that no value is ever attainable in life. Aesthetic contemplation, artistic genius, a life of philanthropy and justice, asceticism, and renunciation of the will, all are supreme values awaiting some human individuals, at least. The individual who escapes from the will achieves nothing less than 'salvation', which seems to be a state whose value is unassailable. All of this is true; but it conflicts with 'pessimism' only if you think pessimism is the view that nothing is of any value at all. It does not conflict with Schopenhauer's views that non-existence would have been preferable and that the world is the worst possible world. The values of will-lessness are genuine, but only by being, according to Schopenhauer, some amelioration of the worst situation possible. Someone might object that a worse world still would be one in which even the salvation of will-less resignation was not open to us. But Schopenhauer's reply would be that in that case existence would be so intolerable that no one who really understood its nature would be able to endure it. It would, in that sense, not be a possible existence.

Finally, even Schopenhauer's notion of salvation must itself be called pessimistic in a definite sense, if we consider that the only value worthy of the name in his scheme of things depends upon self-renunciation. Resignation and aesthetic tranquillity are achieved by an attitude of detachment from the human individual that strives for life, and from the whole tapestry of ends that are woven into life. If this living individual remains *what I am* in the world of representation, and will to life *what I am* in myself – no immaterial soul, no rational essence, no part of any divine plan – then *what I am* is not only worthless, but is the very obstacle that must be broken down before true value is glimpsed. To feel the full weight of Schopenhauer's *solution* to the problem of existence is thus to encounter a kind of self-loathing in which dwells the deepest pessimism of all.

Chapter 9
Schopenhauer's influence

Schopenhauer regarded himself as building a philosophical system which unfolded a 'single thought' (*W1*, xii). But the system, which is vulnerable to many criticisms, has not usually been the basis of his appeal. His lasting importance as a philosopher rests more on his manner of unfettered probing and blunt questioning, on his demolition of traditional certainties and on the new insecurities he confronts. The old ideas of the immortal soul, the divine purpose, and the dignity of man have died for Schopenhauer, and should not be revived. The human species is a part of nature, and rationality gives it no especially elevated status. The human individual is embodied and restlessly active, an animal who strives and suffers, whose core is sexuality and egoism. The identity of the individual becomes problematic through and through. Our mind is that of an organism adapted to the ends of living, and is split between the conscious, knowing, and seemingly unworldly self with which we try to identify, and the unconscious, natural will which seems alien but is truly what drives us on. Life has no purpose. Being ourselves is not something which has any positive value. Schopenhauer argues himself into a predicament in which existence itself is a problem, and then presents the exceptions of genius and saintliness, aesthetic experience and the submergence of individuality, as the only ways of salvaging value. Such uncomfortable, challenging thoughts represent his distinctive contribution to modern culture.

Although there has never really been a Schopenhauerian school of philosophy, his influence on the history of thought has been both great and varied. In the late nineteenth and early twentieth centuries he was at the forefront of European culture: his books were widely read, provided the material for many academic dissertations and published treatises, and were seized upon with enthusiasm by intellectuals and artists. He had some philosophical followers, but was perhaps more notable for attracting people who fell in love with his writing, turned over or wrestled with his thoughts, and then put them to their own creative use. In the 1850s Wagner fell under the Schopenhauerian spell, which became a major stimulant in the writing of *Tristan and Isolde* in particular. In the 1860s something similar happened to Nietzsche and to Tolstoy; in the 1880s and 1890s he was read by Thomas Hardy, Thomas Mann, and Marcel Proust, and in the 1900s by the young Wittgenstein. We find characters in *Buddenbrooks* and *À la Recherche du temps perdu* who read Schopenhauer, or discuss reading him; and he is mentioned in *Tess of the d'Urbervilles*. In all, there are many more notable artworks than can be catalogued here which bear the stamp of Schopenhauer's thinking, some directly, some more obliquely. The list of artists who became involved with his philosophy could continue for example, with Mahler, Richard Strauss, Turgenev, Lawrence, Beckett, and Borges.

Schopenhauer's appeal cannot be divorced from his own stature as a literary writer. His beautiful prose and his grasp of structure and drama – every step in the narrative marked by a powerful image and timed for maximum effect – make the transition from philosophical system to novel or opera stage almost as smooth as it could be. No single doctrine occupied all these writers and musicians equally, but the strongest impressions were undoubtedly made by his aesthetic theory, his philosophy of music, his recognition of the unconscious, his treatment of the overpowering sexual drive, his pessimism, and his questioning of the value of human existence. In some ways, it is strange that the period of Schopenhauer's most intense influence does not stretch much beyond the 1920s, into the decades when many of those we have mentioned had themselves become well-established cultural figures. This time of frustrated strivings in the economic sphere, when the futility of the First World War was compounded by yet more agonies, and widespread interest in psychoanalysis was changing people's views about the human personality – was this not Schopenhauer's true era? Yet by the middle of this century he was not such a well-known writer, one main reason being that none of the main streams of contemporary philosophy paid him any real attention.

Of those who succumbed to Schopenhauer, the earliest, Wagner and Nietzsche, seem to have been the most deeply affected, and it is in the understanding of these two that an exploration of the link with Schopenhauer is of most help. Wagner was no philosopher, and he sometimes confessed that, despite his constant re-readings, he was struggling to make out what was going on in Schopenhauer's work. Clearly the idea of music as the direct expression of the strivings of the will was one that spoke to him, but so did the idea of the denial of the will. He wrote in a letter to Liszt 'I have . . . found a sedative which has finally helped me to sleep at night; it is the sincere and heartfelt yearning for death: total unconsciousness, complete annihilation, the end of all dreams – the only ultimate redemption.' Wagner clearly felt that Schopenhauer's doctrine crystallized some of his own insights, and gave him a fresh outlook on his own existing work: 'Now at last I could understand my *Wotan*.' He comes closest to Schopenhauer's actual philosophy in his operas when the characters Tristan and Isolde express their deep longing to cease existing as individuals. The capacity of erotic love to overpower the individual is also one of Schopenhauer's themes, of course. Wagner, however, contrives to make the longing for non-existence turn into the climax of erotic love, instead of the complete negation of it which Schopenhauer calls for – in other words, even at his moment of supreme debt to the philosopher, he does not exactly follow him.

One of the things that brought Wagner together with the young

Nietzsche was their devotion to Schopenhauer, whom they had discovered independently. Even though Nietzsche had also experienced a kind of emotional 'conversion' to Schopenhauer's philosophy, his relationship with it was to be quite different. In his first publication, *The Birth of Tragedy*, Nietzsche uses the pair of symbolic deities Apollo and Dionysus to account for the awesome artistic achievement of Greek tragedy. Apollo stands for the beautiful dream-like image of the individual hero, Dionysus for the terrifying but intoxicating glimpse into the cruel world underlying individuation, which will destroy the hero. In attempting to explain this pair of symbols, he calls on Schopenhauer's distinction between representation and will. Although the book is a unique outpouring, much of which has little directly to do with Schopenhauer (as Nietzsche himself later commented), his reading of Schopenhauer was decisive in providing the shape and the impulse of it.

However, it is what happened later that gives Schopenhauer a greater significance for Nietzsche. He turned away from his former 'master', to the extent of saying that he 'went wrong everywhere'. As Nietzsche's own philosophy developed, Schopenhauer continued to be a guiding star of a special kind – the one to steer away from. In *On the Genealogy of Morality* he diagnoses Schopenhauer's doctrines as outlets for his own personality, saying in particular that the elevation of aesthetic tranquillity shows Schopenhauer's relief at escaping from his own abhorred sexual impulses; moreover 'he would have become ill, become a *pessimist* (for he was not one, however much he desired it), if deprived of his enemies, of Hegel, of woman, of sensuality and the whole will to existence, to persistence.' Perhaps – but what would Nietzsche have become without his Schopenhauer, his convenient summation of errors? He has already told us in the Preface: 'What was at stake was the *value* of morality – and over this I had to come to terms almost exclusively with my great teacher Schopenhauer.'

Nietzsche is very much concerned with the loss of value. He agrees with Schopenhauer that existence must contain suffering, and is basically without a point. But he revolts against the idea of renunciation and asceticism as a way to salvation. Plumbing the depths of the Schopenhauerian vision is a necessary step, but there must be an alternative to the 'life-denying' attitude of seeking to escape from the will and despising the individual material being that one is. Nietzsche's proposed solution is that of a creative self-affirmation ('Become who you are!'), embracing one's pain and even one's cruelty as true parts of oneself. His notion of the will to power, based more than verbally on Schopenhauer's 'will to life', attempts to supplant the latter as a description of the fundamental drive that organizes human behaviour, and, in some way, the whole universe. Will to power is not primarily a political doctrine, but an attempt to find an explanation of human behaviour, cognition, and cultural beliefs by positing an underlying tendency towards increase and mastery, both over the world and over oneself. Though he repudiates Schopenhauer's metaphysical doctrine of the thing in itself, and seeks to discredit philosophical metaphysics altogether, Nietzsche's notion of will to power shows striking parallels with Schopenhauer's conception of the will. In particular, the idea that will to power can be both conscious and unconscious, that it has an organic basis in the individual and that it is omnipresent, make it appropriate to call it a successor to Schopenhauer's doctrine.

While Schopenhauer is in the forefront of Nietzsche's critique of philosophers, many of the methods for that critique have also been suggested by Schopenhauer. For example, Nietzsche's view that metaphysical doctrines and beliefs about ethical values do not derive from 'pure' reasoning, but are always informed, covertly, by the need to come to terms with suffering and the will to master oneself or one's surroundings, clearly has its origins in Schopenhauer's doctrine that the will shapes our intellectual processes. Schopenhauer's idea that the world is structured by the mind of a particular species of living organism is reflected in Nietzsche's conviction that there are no absolute truths or values, only perspectives and fabrications that help us to cope with life. Schopenhauer also, of course, provides the most naked instance of the ascetic ideal which Nietzsche sees as underlying so much of Western culture – 'Man would rather will *nothingness* than *not* will.' Aside from such doctrinal influences, Nietzsche's writing displays its involvement with Schopenhauer often in fine-grained detail. He will appropriate Schopenhauer's nuances of voice and terminology even at the moment of greatest divergence from his doctrines. To read Nietzsche without a knowledge of Schopenhauer is to lose a recurring subtext and one of the key points of orientation in his often bewildering progress.

Among Nietzsche's contemporaries, philosophical interest in Schopenhauer was widespread. He was commonly studied as an important successor to Kant, and philosophers who were significant in their day, such as Hans Vaihinger and Nietzsche's friend the orientalist and metaphysician Paul Deussen, produced new systems which took off from Schopenhauer's. In the twentieth century he was highly thought of by members of the Frankfurt School who were dissatisfied with the optimism of orthodox Marxism, in particular Max Horkheimer. However, it is fair to say that to date the only major philosopher apart from Nietzsche to be influenced by Schopenhauer has been Wittgenstein. Wittgenstein, like Nietzsche, did not come across Schopenhauer's works in an academic setting. He read them as part of the stock of ideas with which Viennese high society was furnished (an illustrative little detail is that Gustav Mahler, another 'disciple', while staying at the Wittgenstein family house a few years earlier, had given Bruno Walter Schopenhauer's complete works as a present). In fact, not to have read Schopenhauer would have been the odd thing for a young person from a cultured family such as Wittgenstein's.

Wittgenstein's earliest philosophical work, leading up to the *Tractatus*, seems at first sight to have little in common with Schopenhauer. He had worked with Frege and Russell in the new methods of formal logic, which became the basis of a movement that attempted to repudiate idealism and the supposed excesses of German metaphysics. It used to be common to apologize for Wittgenstein's interest in Schopenhauer as a youthful aberration. But it was certainly more than that. In the *Tractatus* Wittgenstein uses Schopenhauer' s images when talking about the 'I': it is an extensionless point, like an eye that cannot see itself, a limit – not a part – of the world. The 'I' is not among the facts that make up the world. Nor is there any value in the world. Value, whether ethical or aesthetic, seems to come from an attitude to the world as whole, not to any particular facts within it. 'To view the world sub specie aeterni (under the aspect of eternity)' – another of Schopenhauer's ideas – 'is to view it as a whole', and this is a mystical feeling, says Wittgenstein. The well-known image of philosophy as the ladder which one discards after climbing it is also reminiscent of Schopenhauer's view of the relationship between philosophy and mysticism.

There hangs over the *Tractatus* the sense that it is about something that appears only obliquely in the text. Its author said that the meaning of the book was an 'ethical' one, and in the book it transpires that ethics cannot be put into propositions, but must show itself. Wittgenstein was clearly troubled by the thought that once the world had been described in language, the really big questions, such as what the 'I' was, how it related to the world, what the point of the world was, and where good and evil came from, were left entirely untouched. As he struggled with these issues, the map on which he attempted to plot them was provided to a large extent by Schopenhauer's philosophy. This is particularly clear from his early notebooks, where the repeated vocabulary of 'subject' and 'object', 'will' and 'representation', 'world' and 'I' acquires any semblance of intelligibility only when viewed as an attempt to think things through with Schopenhauer's help.

Another area where Wittgenstein was clearly influenced by Schopenhauer is the theory of action. From his earliest writings through to his mature works, Wittgenstein worried about whether there is a mental act of will that is separate from bodily movement. The problem became central to his examination of whether the mental was in any sense 'hidden', and had a big influence on action-theory in analytical philosophy. The basic idea that Wittgenstein often seems drawn to is that willing is identical with acting, rather than being some purely 'inner' mental process. It is easy to see that this idea is essentially Schopenhauer's, and, although he does not mention his predecessor's name very often in this connection, the terms in which he discusses it reflect its ancestry.

Apart from the arts and philosophy, Schopenhauer's influence also extends into psychology, through his conception of the unconscious and his idea that sexuality is at the basis of personality. A very popular work in its day, now more or less forgotten, was Eduard von Hartmann's *Philosophy of the Unconscious* of 1869. This was a strange hybrid in which the author tried to combine some of Schopenhauer's ideas with some of Hegel's, and attempted a kind of *rapprochement* between optimism and pessimism. His chief modification of Schopenhauer's notion of the unconscious was to suggest that it must comprise not only will but also Idea, and somehow be in pursuit of rational ends. This work made the unconscious a theme for widespread study in the latter part of the nineteenth century, and served at the same time as a kind of channel for interest in Schopenhauer. Although Schopenhauer was not the first or only philosopher to discuss the unconscious, he probably made the greatest contribution before Freud.

Freud himself certainly consulted Hartmann's work and does make reference to it. It has often been pointed out, too, that he must have been familiar with Schopenhauer's ideas from the academic environment in which he moved. Nevertheless, Freud tried to distance himself from Schopenhauer, saying, in a well-known passage,

> I have carefully avoided any contact with philosophy proper. The large extent to which psycho-analysis coincides with the philosophy of Schopenhauer – not only did he assert the dominance of the emotions and the supreme importance of sexuality but he was even aware of the

> mechanism of repression – is not to be traced to my acquaintance with his teaching. I read Schopenhauer very late in my life.

One almost hesitates to point out that Freud must have known at some level what to avoid reading, in order to preserve this title to originality. In any case, it is pretty certain that the great attention paid to Schopenhauer in academic and cultural life during this period was an important factor in making Freud's work possible, whether he was aware of it or not.

C. G. Jung is another influential psychologist who was impressed by Schopenhauer. He reports that he read Schopenhauer from his seventeenth year on (putting us, again, in the 1890s), and agreed with his picture of the world as full of confusion, passion, and evil: 'Here at last was someone who had courage for the insight that somehow the foundation of the world was not in the best of ways.'

Though Schopenhauer's metaphysics is not credible as a system, his questions about the self and the unconscious, action, striving, suffering, renunciation, aesthetic elevation, and the value of existence – the troubling or consoling thoughts that have excited so many influential thinkers – remain alive and challenging. As we debate the same issues with, perhaps, Nietzsche or Freud more prominently in the foreground, Schopenhauer's is a unique and powerful philosophical voice that still deserves to be heard.

Further reading

In addition to the standard translations of Schopenhauer's works listed in the 'Abbreviations and works cited' section at the beginning of the book, the following recent translations of Schopenhauer's works are also worth consulting:

Prize Essay on the Freedom of the Will, tr. E. F. J. Payne, ed. Günter Zöller (Cambridge University Press, 1999). For most purposes this would now supersede the Kolenda translation.

On Vision and Colors, tr. E. F. J. Payne, ed. David Cartwright (Berg Publishers, 1994)

Schopenhauer's Early Fourfold Root, translation and commentary F. C. White (Avebury, 1997). The less common but more accessible first edition of *The Fourfold Root*.

The World as Will and Idea (abridged in one volume), tr. Jill Berman, ed. David Berman (Dent, 1995). A much shortened version, which is more accessible than the standard Payne translation, but loses the larger architecture of Schopenhauer's main work.

And, in a new edition:

On the Basis of Morality, tr. E. F. J. Payne, with an introduction by David E. Cartwright (Berghahn Books, 1995)

A classical philosophical account of Schopenhauer, recently reprinted:

Patrick Gardiner, *Schopenhauer* (Penguin Books, 1967; repr. Thoemmes Press, 1997)

Other general accounts of Schopenhauer's philosophy:

D. W. Hamlyn, *Schopenhauer* (Routledge and Kegan Paul, 1980)
Julian Young, *Willing and Unwilling: A Study in the Philosophy of Arthur Schopenhauer* (Martinus Nijhoff, 1987)

A collection of scholarly articles on different aspects of Schopenhauer's philosophy:

Christopher Janaway (ed.), *The Cambridge Companion to Schopenhauer* (Cambridge University Press, 1999)

Books and collections with more specialized focus:

John E. Atwell, *Schopenhauer: The Human Character* (Temple University Press, 1990)
John E. Atwell, *Schopenhauer on the Character of the World: The Metaphysics of Will* (University of California Press, 1995)
Dale Jacquette (ed.), *Schopenhauer, Philosophy and the Arts* (Cambridge University Press, 1996)
Christopher Janaway, *Self and World in Schopenhauer's Philosophy* (Clarendon Press, 1989)
Christopher Janaway (ed.), *Willing and Nothingness: Schopenhauer as Nietzsche's Educator* (Clarendon Press, 1998)
F. C. White, *On Schopenhauer's Fourfold Root of the Principle of Sufficient Reason* (E. J. Brill, 1992)

Three different accounts of Schopenhauer's life, work, and place in intellectual history:

Arthur Hübscher, *The Philosophy of Schopenhauer in its Intellectual*

Context: Thinker Against the Tide, tr. Joachim T. Baer and David E. Cartwright (Edwin Mellen Press, 1989)

Bryan Magee, *The Philosophy of Schopenhauer*, 2nd edn. (Clarendon Press, 1997)

Rüdiger Safranski, *Schopenhauer and the Wild Years of Philosophy* (Weidenfeld & Nicolson, 1989)

“牛津通识读本”已出书目

古典哲学的趣味
人生的意义
文学理论入门
大众经济学
历史之源
设计，无处不在
生活中的心理学
政治的历史与边界
哲学的思与惑
资本主义
美国总统制
海德格尔
我们时代的伦理学
卡夫卡是谁
考古学的过去与未来
天文学简史
社会学的意识
康德
尼采
亚里士多德的世界
西方艺术新论
全球化面面观
简明逻辑学
法哲学：价值与事实
政治哲学与幸福根基
选择理论
后殖民主义与世界格局

福柯
缤纷的语言学
达达和超现实主义
佛学概论
维特根斯坦与哲学
科学哲学
印度哲学祛魅
克尔凯郭尔
科学革命
广告
数学
叔本华
笛卡尔
基督教神学
犹太人与犹太教
现代日本
罗兰·巴特
马基雅维里
全球经济史
进化
性存在
量子理论
牛顿新传
国际移民
哈贝马斯
医学伦理
黑格尔

地球
记忆
法律
中国文学
托克维尔
休谟
分子
法国大革命
民族主义
科幻作品
罗素
美国政党与选举
美国最高法院
纪录片
大萧条与罗斯福新政
领导力
无神论
罗马共和国
美国国会
民主
英格兰文学
现代主义
网络
自闭症
德里达
浪漫主义
批判理论

德国文学
戏剧
腐败
医事法
癌症
植物
法语文学
微观经济学
湖泊
拜占庭
司法心理学
发展
农业
特洛伊战争
巴比伦尼亚
河流
战争与技术
品牌学
数学简史

儿童心理学
时装
现代拉丁美洲文学
卢梭
隐私
电影音乐
抑郁症
传染病
希腊化时代
知识
环境伦理学
美国革命
元素周期表
人口学
社会心理学
动物
项目管理
美学
管理学

电影
俄罗斯文学
古典文学
大数据
洛克
幸福
免疫系统
银行学
景观设计学
神圣罗马帝国
大流行病
亚历山大大帝
气候
第二次世界大战
中世纪
工业革命
传记
公共管理
社会语言学